ACCESO GRATIS *a la Lectura en la Nube*

Para visualizar el libro electrónico en la nube de lectura envíe junto a su nombre y apellidos una fotografía del código de barras situado en la contraportada del libro y otra del ticket de compra a la dirección:

ebooktirant@tirant.com

En un máximo de 72 horas laborales le enviaremos el código de acceso con sus instrucciones.

LAS RELACIONES LABORALES EN EL ÁMBITO DEL DEPORTE

LAS RELACIONES LABORALES EN EL ÁMBITO DEL DEPORTE

María José López González

tirant lo blanch
Valencia, 2024

En caso de erratas y actualizaciones, la Editorial Tirant lo Blanch publicará la pertinente corrección en la página web www.tirant.com.

EDITA: TIRANT LO BLANCH
C/ Artes Gráficas, 14 - 46010 - Valencia
TELFS.: 96/361 00 48 - 50
FAX: 96/369 41 51
Email: tlb@tirant.com
www.tirant.com
Librería virtual: www.tirant.es
DEPÓSITO LEGAL: V-2841-2024
ISBN: 978-84-9169-917-0
MAQUETA: Innovatext

Si tiene alguna queja o sugerencia, envíenos un mail a: *atencioncliente@tirant.com*. En caso de no ser atendida su sugerencia, por favor, lea en *www.tirant.net/index.php/empresa/politicas-de-empresa* nuestro procedimiento de quejas.

Responsabilidad Social Corporativa: http://www.tirant.net/Docs/RSCTirant.pdf

Índice

Prólogo

L Conocí a María José López mientras yo escribía mi libro "*El fin del miedo,* voces en el año del feminismo". Nadie como ella me había abierto los ojos sobre la desigualdad de género que se cocía en el mundo del deporte a través de su propia obra, magnífica, "*Mujer, Discriminación y Deporte*", y luego a través de diversas conversaciones que, como amigas, no hemos dejado de mantener.

Recuerdo que entonces le pregunté: ¿Es cierto que en las federaciones para cubrir la cuota has visto que colocan a su mujer, a su cuñada, a su hija…? Exactamente —me contestó sin dudar— porque una federación puede crear un comité con el padre, la madre y el espíritu santo y por eso ni siquiera habría que dar cuotas, sino incentivar, y que las subvenciones fueran directas a las asociaciones, que son las que están peleando por las deportistas".

Pelear, un verbo que le he oído muchas veces y que define a esta brillante abogada tan serena como perseverante en su pedagogía, muy formada y bien informada, en el Derecho, la rectitud de la ley, las Cartas de Derechos Humanos, la Igualdad, la seguridad, la dignidad de las personas… normas y causas justas que defiende con transparencia y honestidad, frente a los enjuagues que ha visto en el deporte y que, doy fe, tanto la sublevan.

Por eso en esta obra "*Relaciones Laborales en el Deporte*" disfrutaréis del conocimiento, pues cumple con cada uno de los atributos de la autora. Sin perder la compostura, no deja títere con cabeza sobre tejemanejes cuya punta del iceberg hemos visto en el caso Rubiales, todo un submundo adornado con innumerables machistas colaterales para quienes ella reclama la expulsión del marco democrático de las instituciones deportivas y del escapismo social.

Curiosa, y por tanto estudiosa impenitente, cada reflexión la argumenta con la vehemencia de quien sabe que le asiste la razón, pero con la fuerza que dan unos datos o una letra escrita en unos Estatutos. Ese ha sido siempre su método de trabajo, el mismo *mix* de estudio y convicciones con el que estudió Derecho en su Extremadura del alma, y el mismo con el que fue creciendo profesionalmente, especializándose en Derecho Deportivo en Cataluña, en Derecho Comunitario en Bruselas, aceptando retos que le aseguraran trabajar por la dignidad en el deporte, por la eliminación de la manipulación en las competiciones y el fraude en las apuestas; atendiendo a la igualdad de género y dando respuesta a los derechos de otros colectivos. Y ello con la solvencia que da el conocimiento de la materia y las organizaciones, lo mismo como codirectora de los Servicios Jurídicos de la Asociación de Futbolistas Españoles, AFE, que como miembro de la Asociación Europea de Arbitraje, miembro de la Cámara Agentes FIFA, así como vocal de la Comisión Nacional para Combatir la Manipulación de las Competiciones Deportivas y el Fraude en las Apuesta, entre otros organismos. Ese modo de hacer en línea recta le ha acreditado la independencia que respirareis en cada capítulo de este libro.

El Deporte es un mundo de glamur, éxitos, aficiones de éxtasis y dinero a raudales, por cuyas rendijas se han colado personajes obscenos que no merecen gloria alguna. Con valentía María José ha querido adentrarse ahí, para denunciar las situaciones injustas, lo mismo la arcaica relación laboral especial de los deportistas profesionales, los convenios colectivos segregados por sexos, la legislación caciquil con estructura vertical o la reforma laboral que aboca a los deportistas a ser falsos autónomos. A la dirigencia deportiva se refiere cuando escribe que todo esto parece que no les genera gran preocupación “a no ser que el legislador y los responsables políticos del deporte sólo piensen en el deportista de élite, en el escenario programado de la foto, mimética del triunfo deportivo. Obviando la condición de profesional. Esta situación, sin duda, de absoluta inseguridad jurídica provoca la presunción de una masa de fraude que nos debiera preocupar”.

Nada se escapa a sus ojos. Ni a su pluma precisa y afilada. De su condición feminista me quedo con esta frase: "reivindicar un día sí y otro también la igualdad no es un ejercicio de espiritismo; sino, esencialmente, un ejercicio de reivindicación de una misma".

Estamos y estaremos en la cronología de lo esencial —Maria José dixit—

GLORIA LOMANA
Periodista
Presidenta de 50&50 Gender Leadership.

El mercadeo de los agentes FIFA

El nuevo 'Reglamento sobre Agentes de Fútbol' de FIFA es un nuevo marco jurídico con el que se pretende, y en eso la propia FIFA ha trabajado con FIFPRO, como asociación mundial de sindicatos de futbolistas profesionales, ordenar una actividad que en algunas latitudes ha servido para monopolizar el mercado, creando una situación de indefensión para la/el futbolista.

En este sentido, resultan esclarecedoras las cifras que se han pagado en concepto de comisiones a agentes que han participado en traspasos internacionales, en la última década en torno a 3.500 millones de dólares. Monetariamente, estos datos lo dicen todo. Y lo que está detrás de todo ello es un mercado muy desigual según qué latitudes. De ahí que, como se supone, al ejercer FIFA su acción sobre un mercado mundial también ha de establecer una regulación en la previsión de este tipo de marco internacional.

¿En qué cuestiones han incidido los sindicatos de futbolistas? En aquellas que han supuesto un monopolio y una desventaja en una relación cliente/agente. En aquellas situaciones en las que se ha producido el abuso más flagrante a la hora de pagar las comisiones, llegando hasta el 30% o 50%, y en los casos de la durabilidad de los contratos —más allá de la relación *intuitu personae*—, que es clave en este tipo de contratos y en los que tiene que ver con la imposibilidad material del/la jugador/a en relación con intervenir directamente en la negociación.

Otra cuestión, quizás más importante, en la que los sindicatos de futbolistas han incidido está en el hecho de tratar de regular determinados requisitos para que en un negocio de miles de millones y en un mercado desregularizado, establecer unos mínimos requisitos —jurídicos y éticos— en una actividad que monopoliza el mercado, y mercantiliza, en exceso, lo que pueden ser decisiones personales y profesionales, más allá del efecto único del negocio.

Es la diatriba en la que se mueve este mundo del fútbol, el negocio que quiere ser el deporte. Obviando que en este escenario están los y las futbolistas, que deben ser protegidos/as bajo el paraguas del derecho laboral como trabajadores/ras que son y teniendo en cuenta el contexto mundial.

El registro de los/as agentes, así como sus transacciones, no es un mero ejercicio de control del mercado, es un ejercicio de transparencia frente a actividades contractuales que afectan a terceros, y que, por datos conocidos, tienen incidencia en las carreras de los y las deportistas.

Como secuela tenemos muchos ejemplos de contratos que se han frustrado en el último momento y que han afectado a las carreras, cortas, de muchos/as futbolistas. Por ello, se ha de estar vigilante ante la situación de preeminencia de estos/as profesionales y que afecta a las carreras de estos/as deportistas, teniendo en cuenta que dentro del derecho laboral común, los/as agentes son operadores atípicos que influyen en exceso a la hora de condicionar, por causas estrictamente económicas, el futuro de estos/as deportistas.

Tenemos que preservar al máximo la libertad del/la futbolista frente a otro tipo de intereses. A aquellas personas que siempre apelan al libre mercado, les diría que esa liberalidad tiene su fuerza en el libre consentimiento del/la jugador/a frente a otros tipos de intereses. Y si eso no lo protegemos, no estamos protegiendo la principal máxima, que es la libertad del/la deportista de firmar o no por uno u otro club.

De hecho, en este escenario sería conveniente apelar en este contexto mundial a lo que dice la OIT (Organización Internacional del Trabajo) con relación a sus principios generales y contratación equitativa, entre los cuales está la diligencia debida para que esa contratación no sea consecuencia de otra decisión que no sea la del trabajador/a.

En otro punto se señala que todos esos gastos conexos que afectan a esa contratación deben ser transparentes, de ahí la importancia que la reglamentación FIFA dé por hecha esa necesidad de estar registrados en una plataforma. No es más que una consecuencia de la aplicación de estos principios de la OIT —(Organización Internacional del Trabajo)— en un intento de romper con situaciones de control que anulen la decisión soberana del y la futbolista. Lo deja bien claro esta organización cuando dice que se deberán tomar medidas para velar por la claridad y transparencia de los contratos de trabajo dentro del marco de los 'Principios generales y directrices para la contratación equitativa y definición de las comisiones de contratación y los gastos conexos', documento de la OIT elaborado en 2019.

Hemos de tener en cuenta, por último, que se trata de carreras profesionales breves, por lo que se debe estar vigilante para que esa carrera sea estable y no sea causa-efecto de la voluntad de una persona que no es el/la propio/a deportista. Este debe ser el objeto principal del 'Reglamento sobre Agentes de Fútbol' de FIFA.

Publicado el 20 de enero de 2023 en Iusport

Baja por maternidad en el deporte: ¿casos de incapacidad laboral?

En el año 2000 se adoptó el Convenio núm. 183, sobre protección de la maternidad, que, desde una perspectiva integradora, incluye medidas garantistas para la trabajadora que se encuentra en cualquier situación biológica relacionada con la maternidad.

El deporte tiene varios elementos que inciden muy directamente sobre la decisión de la mujer deportista en ser madre. Hemos de considerar que, en algunos casos, se puede producir un riesgo laboral, dadas las características de la propia actividad deportiva, necesitada de una especial protección.

Evidentemente si hablamos de riesgos laborales su aplicación sólo se produce en relación con trabajadores/as. Es por ello por lo que hay que significar la precarización laboral de muchas deportistas; lo que conlleva, además, de estar inmersas en el trabajo no declarado, en la desigualdad laboral entre las que tienen contrato laboral y las que no. Se podría afirmar que sólo entre el 20 % y 25 % de las deportistas de nuestro país son asalariadas. Por tanto, sometidas al derecho laboral. Un dato a tener en cuenta y que vuelve al tratarse de un terreno abonado al denominado trabajo marrón.

En el año 2000 se adoptó el Convenio núm. 183, *sobre protección de la maternidad*, que, desde una perspectiva integradora, incluye medidas garantistas para la trabajadora que se encuentra en cualquier situación biológica relacionada con la maternidad. Por otro lado, en lo que respecta a la regulación de los efectos de esa aplicación, hay que situarse en la Ley 31/1995, de 8 de noviembre, de Prevención de Riesgos Laborales (LPRL), principalmente en sus artículos 25 y 26 sobre los que se han de actuar —*protección de trabajadores especialmente sensibles a determinados riesgos / protección de la maternidad*—.

La Ley de Prevención de Riesgos Laborales (LPRL) de 1995 recoge en su artículo 25 la necesidad de garantizar, de modo específico, la seguridad y salud de los trabajadores/as especialmente sensibles, entendiendo por tales aquellos que «*por sus propias características personales o estado biológico conocido, incluidos los que tengan reconocida la situación de discapacidad física, psíquica o sensorial*». Es por ello que estos aspectos son claves a la hora de evaluar los riesgos laborales, y adoptar las medidas de protección y prevención necesarias. Por otro lado, el artículo 26 de la LPRL regula el nivel de protección de la maternidad y la lactancia natural para adaptar sus condiciones de trabajo.

Al hilo de todo esto, nos encontramos con el hecho, dada las características del trabajo de la deportista, de la *baja por riesgo durante el embarazo,* ante situaciones que produzcan posibles perjuicios que le puede causar a una mujer embarazada. Relacionado en esta ocasión, para contextualizar sobre cómo actuar, *con las complicaciones que el trabajo le puede generar en la salud de la madre o del feto.*

Hemos de tener en cuenta que esta protección tiene un claro reflejo en forma de mandato en el texto constitucional, significándolo en determinados artículos: *art. 15 —derecho fundamental a la vida y a la integridad física y moral—; b) artículo 43 —derecho constitucional a la protección de la salud—; c) artículo 40.2 —los poderes públicos deben velar por la seguridad e higiene en el trabajo—*. El propio Estatuto de los Trabajadores, art. 48, hace referencia a la suspensión del contrato, con reserva del puesto de trabajo, en el supuesto de riesgo durante el embarazo o de riesgo durante la lactancia natural, en los términos previstos en el artículo 26 de la Ley 31/1995, de 8 de noviembre, de Prevención de Riesgos Laborales.

Con tener en cuenta la normativa a los efectos, la reflexión dadas las características de este ámbito laboral, se centra en valorar, —siendo conscientes de lo tasado de los puestos de trabajo—, el hecho de una vez analizados los riesgos, a los que se refiere el artículo 16 de la LPRL; la toma de decisión del empresario respecto a la obligación de considerar el riesgo para la reproducción, incluido el relativo a la maternidad, debiendo ya de antemano estar evaluados los puestos y contemplados cuales son los adecuados o no para las mujeres en periodo de embarazo y lactancia.

Esto es relevante ya que su identificación servirá para tener de antemano seleccionados los puestos de trabajo exentos de riesgos, y a los que pueden ser destinadas las mujeres en caso de imposibilidad de la adaptación del puesto y tener, por tanto, proceder a un cambio. En este proceso deben estar los/las representantes de los/as trabajadores/as.

De cara a esa toma de decisión puede servir de referencia la sentencia del Tribunal Constitucional (STC) 62/2007, de 27 de marzo, respecto al concepto del riesgo en el embarazo: —*los daños al embarazo pueden proceder tanto por acción como por omisión. La no actuación de la empresa vulnera los derechos fundamentales. No es preciso que la lesión a la integridad física se haya consumado para adoptar medidas de prevención del riesgo*—. Y todo ello, siendo conscientes de salvaguardar el derecho a la intimidad, al no es obligatorio comunicar el embarazo a la empresa.

Valorando todo ello, hemos de analizar la posibilidad de beneficiarse de una prestación, a través de la certificación médico, ya que pudiera darse el caso de que las condiciones del puesto de trabajo puedan influir negativamente en la salud de la trabajadora y/o del feto. Ante ello, con carácter general, han de actuar los servicios médicos del INSS, o de la Mutua Colaboradora con la Seguridad Social, en función de la Entidad con la que se tenga concertada la cobertura de los riesgos profesionales.

Y todo ello, con la existencia, regularizada —*artículo 39 del Real Decreto 295/2009*—, de un procedimiento que ha de iniciarse a instancia de la interesada, mediante un informe que deberá solicitarse al facultativo del Servicio Público de Salud. Dicho informe deberá acreditar la situación de embarazo y la fecha probable del parto. Para añadir en los artículos 33 y 34 del referido R.D. que la trabajadora recibirá el 100% de su base reguladora, cogiendo como referencia la base de contingencias profesionales que se tiene en el momento que se inicie la suspensión del contrato de trabajo.

Si se extinguiera el contrato durante la baja del riesgo, la extinción de la relación laboral —baja voluntaria, despido, fin de contrato temporal— extingue la prestación por riesgo durante el embarazo. Ante lo que la trabajadora podrá solicitar la prestación por desempleo o la baja por maternidad.

En esto hemos de observar lo establecido en el convenio colectivo del fútbol femenino, que, ante esa extinción, por fin de contrato, produce de inmediato la prórroga, si lo estima la jugadora, de acuerdo al artículo 39. Pues echar a la jugadora, con vigencia del contrato, por causa del embarazo resultaría nulo de pleno derecho.

Publicado el 23 de enero de 2022 en Iusport

El fanatismo del deporte o cómo el odio se mezcla con la benevolencia de ser seguidor/a de unos colores

La sociedad española como muchas otras sociedades está particularmente alarmada, lo estamos viendo estos días en Francia, con esa violencia que se recrudece ante hechos, que son reprochables, pero que no les sirve el camino de la denuncia, la prevención y el rechazo social. Y se vehicula la violencia y se generaliza entre colectivos, como parte de una estrategia destructiva y fanatizada de la sociedad. Es el seguidismo, como manifestación violenta de personas y colectivos que alarman a la sociedad, porque dicen reivindicar otro modelo social.

Lo que esta sociedad se juega y muchas otras, y en el reflejo de eventos deportivos multitudinarios no es otra cosa que dejar de ser tolerante con la violencia como mecanismo subversivo y justificativo en el marco de esos eventos. Se es violento, se es racista, se es intolerante y esto no cabe en nuestra sociedad. Nuestro país, al igual que el resto de la Unión Europea —U.E.— tiene normas, así como adhesiones a pactos de Naciones Unidas frente a este tipo de conductas. Pero lo que resulta no erradicado y, con demasiada frecuencia, se asoma a nuestros medios y redes sociales con una cierta sensación de impunidad. En el deporte, se han acometido muchas decisiones, creado el observatorio contra la violencia en el deporte, pero sigue persistiendo esa violencia, germinada y al albur de las redes sociales que son las que, en estos momentos, están marcando las pautas del encumbramiento de la misma.

Las organizaciones del deporte están intentando parar esto, pero no es fácil. Sí ha sido importante considerar esto como delito de odio, esto es, *"cualquier infracción penal, incluyendo infracciones contra las personas o las propiedades, donde la víctima o el objetivo de la infracción se elija por su pertenencia a un grupo, como colectivo (raza, color, religión, origen, sexo, discapacidad física o intelectual, etc)".*

Recientemente, la secretaria de Estado de Seguridad, a través de la Instrucción 8/2023 ha definido algunas actuaciones con el objeto de mejorar las respuestas que se han de dar por parte de los Cuerpos y Fuerzas de Seguridad del Estado, en relación con la prevención y respuesta frente a conductas y actitudes de racismo, xenofobia y, en general, cualquier expresión de discriminación o intolerancia en los espectáculos deportivos.

Lo más destacado de la misma lo constituye el hecho de que cuando durante el desarrollo de una prueba o espectáculo deportivo tengan lugar sucesos que supongan o inciten a la violencia en el deporte, o sean actos racistas, xenófobos o intolerantes, el coordinador de seguridad podrá proponer al árbitro o juez deportivo del evento no iniciar, paralizar o suspender su celebración, así como desalojar parte o todo el recinto para poner fin a los incidentes.

Esta función la asume siempre un miembro de las Fuerzas de Seguridad (de acuerdo a la Ley contra la violencia en el deporte), que dirige y organiza el dispositivo policial que protege la celebración de los espectáculos deportivos y coordina la Unidad de Control Organizativo. Para ello establece una sistematización de lo que se consideraría línea roja para parar el evento deportivo, tales como:

- *Cuando una persona física o jurídica emita declaraciones con intención de amplia difusión o transmita informaciones en las que una persona o grupo sea amenazada, insultada o vejada por razón del origen racial, étnico, geográfico o social, así como por la religión, las convicciones, la discapacidad, la edad, la orientación e identidad sexual, expresión de género o características sexuales.*
- *Los actos de acoso en el recinto en el que se desarrolla la prueba, en sus aledaños o en los medios de transporte públicos que tengan la misma motivación y cuyo objetivo o consecuencia sea atentar*

contra la dignidad del acosado y crear un entorno intimidatorio, humillante u ofensivo.

- *Las declaraciones, gestos o insultos proferidos en los mismos espacios, así como la entonación de cánticos, sonidos o consignas y la exhibición de pancartas, banderas, símbolos u otras señales que contengan mensajes vejatorios o intimidatorios para cualquier persona por las mismas razones, así como los que inciten al odio entre personas y grupos o que atenten gravemente contra los derechos, libertades y valores proclamados en la Constitución.*

No podemos dejar de arrastrar el tema bajo el calor de la rivalidad, como aquella película mítica, del "*Calor de la Noche*" (In the Heat of the Night) del director Norma Jewison, y dejar que los fantasmas de la intolerancia estén en esta sociedad, casi en la justificación de un seguidismo mal entendido.

En el caso de los organizadores, según esa instrucción, también es sancionable la permisividad, la organización, participación o la incentivación y promoción de este tipo de conductas, así como el apoyo a actividades de peñas, asociaciones, agrupaciones o grupos de aficionados que incumplan la mencionada ley.

La reflexión ultima sería ¿tenemos como sociedad capacidad de parar esto? ¿estamos todos los que participamos en el mundo del deporte comprometidos con este balón hecho fuego? ¿vamos a liderar desde el deporte esta lucha, frente a esas redes sociales que abonan en su anonimato estos comportamientos intolerables? A los cuerpos y fuerzas de seguridad del estado hemos de darle instrumentos, sin obviar que la sociedad debe tener la libertad para liderar y erradicar, con prevención, además de educación, la violencia gratuita, con el monopolio del ejercicio de la ley.

Publicado el 3 de julio de 2023 en Iusport

La neutralidad en el deporte frente a la omisión

La comunidad internacional, a través de las Naciones Unidas, ha establecido en la denominada Agenda 2030 todo un catálogo de respeto a los derechos humanos. Y los países han ido incorporando ese compromiso por los derechos fundamentales como objetivos de sus políticas públicas. Por lo que no debieran caber comportamientos, que como la decisión del presidente de Rusia tienen como objetivo invadir un territorio soberano, Ucrania, y lo que es más dramático emprender un conflicto con víctimas humanas, en base a un ego imperialista. Ya ese país, vivió esa rebelión contra ese imperialismo, muy gráficamente en la película "Acorazado Potemkin" de Eisenstein.

Del deporte y de los eventos deportivos siempre se predica el concepto de los valores, base para la convivencia entre países que compiten para en buena lid medirse en una sana competencia. Al mismo tiempo, el deporte es el escaparate de proyección internacional, capaz de mostrar identidades de países a nivel internacional. Por otro lado, han sido en los JJOO y eventos deportivos, cercados por conflictos bélicos, el escenario de paz, el conocido principio de la tregua deportiva. Pero esa tregua deportiva no puede blindarse, ni siquiera mostrarse ajena cuando el conflicto bélico se produce con tal impunidad, que mata, y en pleno siglo XXI porque el imperialismo de un dirigente quiere cambiar las reglas del juego del orden internacional. Y hacerlo, en el caso nuestro, en un marco europeo, territorio de paz.

Por esto, todas las instancias del deporte internacional no pueden mirar hacia el otro lado, y combatir, con la diplomacia de la palabra y sus decisiones, conductas que entrañan la muerte del ser humano, como objetivo de la expansión. Esas organizaciones deportivas están tomando cuenta de todo ello y están decidiendo que Rusia no puede albergar acontecimiento deportivo alguno, como país, mientras las autoridades continúen en la escalada de violencia, generada por el deseo expansionista de un más que dudoso líder democrático, a los efectos de hacer crecer un territorio en el pasado conformado por una potencia territorial, que ahora lo es nuclear. Así pues, es acertado, por ejemplo, el que ya no será San Petersburgo la sede de la final de la *Champion Leagues,* el próximo 28 de mayo. Y se han empezado a cancelar campeonatos con sede en ese territorio ahora beligerante con gran parte del mundo. Es la diplomacia deportiva que tiene sus efectos. El de poner frente al espejo decisiones que no pueden ser admitidas, por organizaciones que proclaman en sus códigos éticos, y en la suscripción de acuerdos internacionales la paz y el respeto a los derechos humanos. Toca reaccionar y hacerlo desde la palabra y el compromiso de los hechos. Singularmente cuando todo el mundo permanece atónico a esta forma de hacer política, generadora de violencia y de terror.

El pitido del fuera de juego no debe de dejar de sonar, mientras exista esa ambición de invadir injustificadamente un territorio soberano. Y hace bien el deporte, en general, en tomar partido por el equipo de la paz, y rechazar al tramposo que pretende cambiar las reglas de juego. Claramente así lo señalaba la pensadora, Hannah Arendt, en su teoría de la banalidad del mal, con la referencia, del escenario europeo de la Segunda Guerra Mundial, sobre la imperiosa necesidad de saltar al terreno de juego del combate dialéctico, para contrarrestar el pensamiento único, con el objetivo de luchar contra la convicción ideológica impuesta, destinada a la maldad, bajo el concepto de que muchos de las personas que participaron de la barbarie carecían de pensamiento. Es por ello que la sociedad debe de estar atenta y revolverse frente a esos síntomas de generar el terror; para tratar de modificar y transformar nuestro modelo social y de valores, por mor de un imperialismo trasnochado que entiende que todo el territorio le pertenece.

Las organizaciones deportivas nacionales e internacionales deben actuar para, sin duda alguna, obligar a mirarse al espejo a aquellos dirigentes, que como el ruso, desprecian la soberanía de los países, y tratan sobre una supuesta impunidad generar muerte entre la población civil. En este caso la neutralidad como forma de omisión, no puede permitir que en los palcos deportivos estén personajes que sustancian decisiones basadas en la violencia, o dar escenario público a un país que rompe la paz, como regla de juego de la diplomacia internacional.

Publicado el 26 de febrero de 2022 en Iusport

El "gran carnaval" en un partido internacional

Hay que reconocer que con la actual selección de futbol femenino no se está siendo justo, en relación con los atropellos que están sufriendo. El último el reciente partido ante Italia, en el marco del torneo *Nations League*, cuando durante varios minutos el combinado español jugó con diez jugadoras. Sin duda alguna, un error, casi inclasificable en un torneo de estas características, por el staff, que se supone que está conformando el combinado español; porque lo que resulta llamativo fue escuchar a la seleccionadora tratar de excusar el asunto, resolviendo la cuestión echando a los pies de los caballos a su seleccionada. Extraño e incomprensible si lo reflexionas por lo que significa del hecho en sí, que, con un mero análisis, desde luego no puede ser causa de una jugadora, sino de todo el conjunto que anda atribulado, más allá de resultar llamativo que este tipo de cuestiones se vean, además, reflejados en explicaciones a través de las redes sociales, ante la falta de dirección y liderazgo claro.

Una vez más, todo un equipo de campeonas se ve envuelto en circunstancias extradeportivas que, como mínimo, y hasta ahora demuestran que algo sigue no estando bien. Y más si, como bien se observa el hermetismo sigue siendo el tono en el que se contextualiza todo ello. Para describir esta situación, apelo, a aquel título emblemático del director Billy Wilder, "*el Gran Carnaval*", si bien es verdad que se centra en el periodismo, no hay duda de que lo que subyace es un análisis de la sociedad, del negocio como espectáculo. Esto es, todo ha de continuar, y siempre está la víctima o las víctimas propiciatorias para salvar al que toca salvar, por encima de todos y todo. Resulta injusto que se cargue la responsabilidad o, incluso, se trata de culpabilizar a la jugadora. Intolerable y reprobable. Una vez más se vuelve a revictimizar a las jugadoras.

Esta selección de jugadoras, que están en el combinado español por derecho propio, están representando a este país, con un compromiso tal, que poco o nada se puede reprochar. Por eso, no se puede seguir este esperpento más en relación a que todo vale, o minimizar porque se trata del combinado femenino. No sé, si el masculino se hubiera actuado de la misma manera. Que creo que no, porque por lo que sabemos todavía existen muchos de los que estuvieron en la etapa anterior, y poco o nada hicieron que sigan estando en donde no deben estar, a pesar de haber estado presente en el escenario, e introduzco, otro título de Wiler, *"Testigo de Cargo"* en el que todos los elementos se ponen en contra del más inocente de todos, porque hay que salvar a algunos, frente a la verdad y al derecho a la libertad del que es inocente. Es por ello, que todo lo que se observa en este tiempo para acá de esta organización, la RFEF, está siendo más causa y cosa de un gran rodaje, con incertidumbres que crecen, que una organización que aspira a liderar el deporte de nuestro país, a las puertas de un futuro mundial, que, de seguir así, tendrá que volver a valorar todo.

Publicado el 4 de diciembre de 2023 en Iusport

El limbo en el que están los contratos de los deportistas ante la reforma laboral

El proceso de profesionalización del deporte supuso, ya en el pasado, por medio del Real Decreto 1006/1985, la regulación normativa específica ante la relación de los deportistas profesionales, respecto a los efectos jurídicos —laborales— de esos deportistas. Mayoritariamente hombres frente a las mujeres y continúa. A estas alturas ese marco normativo, ante la relación especial de los que ejercen como profesionales, permanece en un aforamiento espacial, frente a una demanda cada vez más necesaria de ese cambio. Y más teniendo en cuenta que la reforma laboral, del año 2022 nada o en muy poco les afecta.

Pero hay una cuestión que sí que preocupa, y que, el sindicato de futbolistas AFE puso sobre la mesa, remitiendo un escrito a la Dirección General de Trabajo con relación a qué tipo de contratos hay que asignarles a estas relaciones laborales, una vez, que ya el contrato por obra y servicio se ha extinguido a raíz de la referida reforma laboral. Se trata de un tema fundamental, y absolutamente necesario de resolver, teniendo en cuenta que en breve se producirá la apertura de un nuevo mercado de cara a la próxima temporada. Y es que el Real Decreto Ley 32/2021, de 28 de diciembre determina la desaparición de la posibilidad de tener contratos para obra y servicio determinado. Un tipo de contrato en el marco comunitario muy denostado, pero que en nuestro país ha sido de uso frecuente, y con especificidad en el ámbito del deporte profesional.

Con subyacer el objetivo de esta reforma de eliminar este tipo de contratos por su alta temporalidad, se ha obviado este ámbito laboral tan específico, como es es del deporte, cuya característica principal es la de duración determinada. Siendo conscientes que son relaciones laborales en el contexto de una vida profesional corta. Por ello, y con mayor razón no se entiende ese olvido, pues en este momento nos encontramos en un limbo jurídico en relación con lo que hasta antes de la reforma eran los denominados tipos de contratos 401 y 501. Que si, efectivamente, en el mercado laboral cubrían un espectro excesivo, más del treinta por ciento, no puede suponer que la desaparición como política general hacia los trabajadores, suponga que estos trabajadores/as queden en base a esto en un limbo jurídico.

De los contratos referenciados en la reforma —fijos, fijos discontinuos, formación— no se está en ninguno de estos supuestos. Por lo que urge que el Ministerio de Trabajo tome una determinación, de ahí el escrito que recientemente mandó el sindicato AFE, a la Dirección General de Trabajo, pues de lo contrario va a dar lugar a una inseguridad jurídica a nuestros/as deportistas. Y a las propias empresas (clubes) ante esta situación sobre qué tipos de contratos han de actuar para formalizar la próxima temporada los nuevos contratos de los y las deportistas.

Una vez más, se evidencia la situación precarizada desde el punto de vista de sus relaciones laborales, ante un Real Decreto 1006/1985, en vigor desde hace más de cuarenta años, ineficiente en algunos de los temas que son claves en cuanto a la descripción de una relación laboral especial. Y es que es bastante evidente que este contrato no puede ir por la tipología del fijo discontinúo. Pues la reiteración en distintos espacios de tiempo, que supone el fijo discontinúo en nada tiene que ver con el trabajo de una/ un deportista, cuya garantía de reiteración en tiempos diferenciados no cabe.

Publicado el 22 de mayo de 2022 en Iusport

La reforma laboral que no llega al deporte profesional

El boletín oficial del estado del pasado 8 de marzo de 2021, publicó la resolución de 3 de febrero del Congreso de los Diputados por la que se ordenaba la publicación del Acuerdo de convalidación del Real Decreto—Ley 32/2021 de 28 de diciembre, de medidas urgentes para la reforma laboral, la garantía de la estabilidad en el empleo y la transformación del mercado laboral.

Bienvenida en el sentido de ir mejorando las condiciones laborales de los y las trabajadoras de este país. La cuestión para el mundo del deporte, con un Real Decreto del año 1985, que regula la relación de los deportistas profesionales, que sólo por cronología resulta desfasado, ante la falta, además, de perspectiva de género, es si esa reforma viene a solventar los graves problemas de precariedad laboral en la que se encuentran muchos deportistas, si exceptuamos las dos grandes ligas profesionales masculinas, en España.

La cuestión que nos suscita con esta reforma es conocer hasta qué punto las claves de esta reforma van a ser sustanciales mejoras para estos/as deportistas, en lo que tiene que ver con la contratación temporal, contratos formativos, contratos fijos discontinuos, indemnizaciones o ultraactividad. En este último caso, bajo la falta de regulación que tanto problema trae de legitimidad, para lo que se consideran convenios sectoriales, pero que son, convenios franjas.

En relación con el artículo veintiuno del Real Decreto 1006/1985 todo lo que no está regulado en el mismo es supletorio el Estatuto de los Trabajadores, pero quedan espacios que ni estando en el Real Decreto 1006/1985, se encuentra cobertura en el

Estatuto de los Trabajadores. Y es en el caso de estos contratos que son básicamente de duración determinada, que ahora la reforma trata de atajar el abuso de estos, bajo el contexto de contratos de obra y servicio, que se dan en el fútbol, y que ahora con la reforma deben desaparecer, y quieren encuadrarlos en los fijos discontinuos, que tampoco lo son. Por lo que ¿cuál es el marco de esta aplicación respecto a esa temporalidad, que es seña de identidad de este marco laboral? Y más teniendo en cuenta que en algunos casos, algunas ligas, esencialmente las femeninas, la duración de la temporada no va más allá de seis meses. A lo que hay que añadir que tampoco se anula el período de prueba, que establece el RD 1006/1985 de tres meses, en su artículo cinco.

Aún más, se habla de los contratos formativos, en la modificación del actual artículo once del Estatuto de los Trabajadores, en relación con los contratos formativos, que tampoco llega a los deportistas, a pesar de que pagan por ella, como cotizantes. Y más teniendo en cuenta que la temporalidad les determina respecto al derecho a recibir formación. Se podría aprovechar algo en relación a ese nuevo artículo 11 en relación a esa doble dualidad, de trabajar y estudiar. Asumiendo que, en ese tipo de contrato, no se admite período de prueba, por lo que habría que analizar su encaje en la literalidad de ese artículo.

Otra cuestión tiene que ver con el tema de las indemnizaciones que también se establece para determinados tipos de contratos, en el caso del deportista, tampoco se ha hecho mención alguna, y de momento tenemos que seguir dependiendo de lo que digan los tribunales, en base a ya una asentada jurisprudencia.

Respecto a la jornada, abusando de la parcialidad, se sigue manteniendo ese artículo nueve del Real Decreto 10006/1985 —*no se computarán a efectos de duración máxima de la jornada los tiempos de concentración previos a la celebración de competiciones o actuaciones deportivas, ni los empleados en los desplazamientos hasta el lugar de la celebración de las mismas...*—, sigue siendo un tema que debería hacer plantear erradicar en la mayoría de los casos jornadas parciales, teniendo en cuenta el registro obligatorio de la parcialidad, que no siempre se cumple, y el abuso de horas extras, que en ocasiones, han tenido consecuencias, con accidente, no reconocidos en el ejercicio de la actividad laboral.

Tampoco o nada se dice del tema de la cesión, muy identificativa del contrato del deportista, pero que también convendría analizar. La demanda, por tanto, de muchos y muchas deportistas profesionales sigue estando en resolver de una vez la precariedad laboral en la que viven la inmensa mayoría de ellos/as, con una normativa de más de cuarenta años que no tiene en cuenta los cambios sociales, y sobre todo la incorporación de la mujer al deporte profesional; y esta reforma nada les afecta en aquellos temas claves en su relación laboral: parcialidad, conciliación, cotizaciones, entre otros.

Publicado el 10 de febrero de 2022 en Iusport

Esto se acaba con la imperiosa reforma del RD 1006/1985

La laboralización de las relaciones profesionales de los y las deportistas es uno de los objetivos siempre planteados en el marco de una nueva regulación en el ámbito del deporte profesional. Hemos visto pasar distintas reformas hasta llegar a la actual Ley 39/2022 de 30 de diciembre del Deporte, así como otras tantas leyes autonómicas, lo relativo a la reforma de la legislación sobre ámbito como ligas profesionales, procesos electorales, violencia en el deporte; así como distintas iniciativas en el marco parlamentario. Pues bien, los y las deportistas continúan a la espera de la reforma de nuestro especial estatuto de los trabajadores. Siendo consciente, que, como bien dice el RD 1006/1985 que regula la relación especial de los deportistas profesionales, en su artículo 21, el carácter supletorio del Estatuto de los Trabajadores, y resto de normativas laborales (planes de igualdad, registro salarial, protocolo contra el acoso, Ley de Igualdad, entre otras). Pues bien, a pesar de ello, es tal la precariedad laboral de estos/as trabajadores/ras del deporte, más allá, del fútbol, —con tres convenios colectivos—, en aspectos tales como jornada laboral, vacaciones, incapacidad laboral, maternidad, indemnizaciones, período de prueba, derechos de imagen, representación sindical, que ir a la inspección de trabajo se ha convertido en la forma de atenuar esta precaria situación.

Pero al margen del fútbol, y en estos días, a pesar del fútbol, están muchos y muchas deportistas con grandes dificultades para que lo que es una relación laboral, en un tipo de contrato de duración determinada —los denominados 413 y 513— respecto, por ejemplo, a supeditar su término a fecha a lo que pueda ser determinado por un calendario, sujeto a cambios deportivos. O al hecho, sustancial, de una parcialidad, casi abusiva, en relación a lo que ya señala el RD 1006/1985, en su artículo 9 sin concretar situaciones "in itinere". Si entramos, por otro lado, en las denominadas cláusulas de formación o indemnización, sucumbidas bajo articulado enreversado, que son sustituidas por cláusulas de salvaguarda de entidades deportivas, respecto a todo finiquitado en el presente, sobre un hipotético futuro. A pesar de que la mayoría de la doctrina, y la propia jurisprudencia ha aclarado que cualquier trabajador/ra tiene derecho a una indemnización, más allá del tipo de contrato.

Otra de las cuestiones que tiene una especial incidencia tiene que ver con los datos de carácter personal, y muy especialmente, con los referidos a la salud. Como así lo regula el Reglamento (UE) 2016/679 de 27 de abril de 2016, y la correspondiente L.O. 3/2018, de 5 de diciembre, en nuestro país; que, encarecen penalmente, todo lo que tiene que ver con la difusión de estos datos. Pues bien, se continúa en el deporte, con cierta frecuencia, publicando estos datos; y con el consiguiente efecto en un mercado laboral sensible y muy expuesto a todo tipo de informaciones respecto a las contrataciones en un espacio laboral muy competitivo y restringido. A pesar de ello, la dinámica, continúa.

Significativa también es lo referido a las incapacidades laborales en relación a la vida laboral como deportista. Si antes la edad era determinante, aunque la jurisprudencia se ha encargado de señalar que la edad no puede ser elemento, por ser discriminatorio, para la decisión a la hora de determinar o no una incapacidad laboral. Y todo ello, sin duda, tiene un efecto de cara a las cotizaciones seguridad social y pensión futura.

Con ser estos algunos de los postulados, que justifican más que de sobra esta reforma del RD 1006/1985, sin entrar en todo lo que la legislación laboral común ha legislado respecto a la maternidad, conciliación y ruptura del principio de igualdad. Sigue siendo un escenario casi inaudito para esa igualdad real y efectiva. Y esto, se ve reflejado en el dato, tan destacable, como la escasa presencia de mujeres en los órganos colegiados de representación de las instancias deportivas. Y es que carreras cortas, maternidad y compatibilidad de jornadas maratonianas, si no hay medidas concretas y específicas, resulta determinante para una cesación de esta carrera profesional. A pesar de lo que está regulado en el artículo 4 de la actual ley del deporte; sin un desarrollo inmediato se quedará en un plan de buenas intenciones.

Para terminar, esta reflexión, se ha de insistir en lo que se ha denominado "el día después" esto es, llevar a cabo un programa formativo, compatibilizado con cierta dificultad con la competición, pero necesario si queremos ofrecer una vida laboral larga a estos deportistas. El artículo 36 de la Ley 39/2022 del Deporte —incorporación a las políticas de empleo— contextualiza la necesidad de beneficiarse estos deportistas de esa formación; teniendo en cuenta que los clubes, como empresas cotizan para ello, con la curiosidad que se benefician el resto de trabajadores que no son deportistas, pero no así los y las deportistas. Lo que conlleva una consecuencia frustrante e injusta, al observar, una vez finalizada la carrera laboral como deportista, con un período de cotización mínimo.

Publicado 27 de abril de 2024 en Iusport

Incumplir el permiso de paternidad: ¿situación de alineación indebida?

Bajo este título me gustaría reflexionar sobre un tema acuñado por la sociedad del bienestar y que tiene que ver con la conciliación familiar y la atención de los menores en el hogar familiar.

De hecho, la nueva prestación se denomina *prestación por nacimiento y cuidado del menor.* Este nuevo marco jurídico lo encontramos en el Real Decreto-Ley 6/2019 de 1 de marzo de medidas urgentes para la garantía de la igualdad de trato y de oportunidades entre mujeres y hombres en el empleo, concretamente en su Disposición Transitoria Decimotercera, en su apartado f):

A partir de 1 de enero de 2021, cada progenitor disfrutará de igual periodo de suspensión del contrato de trabajo, incluyendo seis semanas de permiso obligatorio para cada uno de ellos, siendo de aplicación íntegra la nueva regulación dispuesta en el Real Decreto-ley 6/2019, de 1 de marzo.

Un marco legal que conlleva una serie de consecuencias, la primera y más inmediata es de la eliminación del permiso de dos días por nacimiento del hijo, contemplado en el ex artículo 37.3 del Estatuto de los Trabajadores. En este sentido la STS número 301/2022 de 5 de abril, señala:

«La redacción vigente del artículo 48.4 Estatuto de los Trabajadores impone que de las dieciséis semanas de suspensión del contrato a las que tiene derecho el progenitor, distinto de la madre biológica, también sean obligatorias, al igual que en el caso de esta última, las seis semanas ininterrumpidas «inmediatamente posteriores al parto». Esta preceptiva inmediatez al momento posterior al parto de la suspensión del contrato por la causa de nacimiento deja sin espacio al anterior permiso retribuido de dos días por nacimiento, que, además de tratarse de un permiso retribuido y no de una causa de suspensión del contrato de trabajo, tenía que disfrutarse

asimismo de forma inmediatamente posterior al parto. El permiso retribuido por nacimiento estaba vinculado al momento mismo del nacimiento y no a otro momento posterior».

Esta baja contempla, lógicamente, tanto el nacimiento como la adopción, así como la guarda y el acogimiento. Al hilo de esto, la otra consecuencia directa es que se consigue, así, igualar la baja por maternidad y paternidad entre la madre y el padre; además, de no poderse transferir al otro progenitor/a. En este sentido, se sigue cobrando el cien por ciento de la base reguladora, eso sí, no se incluyen ni dietas, cheques restaurantes o plus de transportes, por ejemplo, entre otras retribuciones.

Estas decisiones políticas y luego convertidas en normas de aplicación general tienen consecuencia y efecto del concepto de la sociedad del bienestar, atendiendo a las demandas sociales de protección de las familias, protegiendo por ello, también, a las mujeres en su rol de madre y trabajadora respecto a situaciones de vulnerabilidad en el embarazo y lactancia. Haciendo hincapié en tratar de no perjudicar la carrera laboral de la mujer, y la compatibilidad en relación con la maternidad. Estas medidas van encaminadas a garantizar no sólo la igualdad de oportunidades de acceso al trabajo, sino que, también y además, para asegurar una continuidad de un ingreso que con frecuencia es vital para el bienestar de toda la familia.

En el año 2000, los delegados de la Conferencia Internacional del Trabajo adoptaron el Convenio de la Organización Internacional del Trabajo (OIT) sobre protección de la maternidad encaminada a estas decisiones jurídico-políticas. En nuestro país, la aprobación de la Ley Orgánica 3/2007, de 22 de marzo, para la Igualdad efectiva de hombres y mujeres incluye el permiso por paternidad como medida de apoyo a la conciliación de la vida personal, familiar y laboral, un permiso retribuido por nacimiento hijo/a.

Bajo estos presupuestos, y su aplicación al ámbito del deporte, actividad profesional regulada por el Real Decreto 1006/1985, al tratarse de una relación laboral especial y que, en lo no tratado, supletoriamente, como señala su artículo veintiuno, se aplica el Estatuto de los Trabajadores, se tendrá que establecer el encaje de este imperativo legal en una actividad que tiene como especificidad identitaria el hecho de que las relaciones laborales en el deporte son de duración determinada. Es por ello, que puede ser y de hecho va a ser habitual que los clubes coloquen a sus deportistas en la obligación de tomarse la baja, en base a este imperativo legal, para, entre otras cuestiones, evitarse posibles sanciones que podrían derivarse de la inaplicación de esta normativa; al mismo tiempo, de no asumir la retribución durante ese período en baja laboral, por ser la seguridad social la que asume esa prestación por nacimiento y cuidado del menor.

Ante esto y una vez más ante este Real Decreto 1006/1985 que regula la relación de los deportistas profesionales, que necesita con urgencia una reforma para en casos como este, así como todo lo que tiene que ver con medidas de conciliación, igualdad, indemnización, entre otras, pueda arbitrar mecanismos de actuación frente a situaciones que deben ser contextualizadas y normativizadas en el ámbito de las relaciones laborales de los y las deportistas profesionales, en evitación de la inseguridad jurídica por la especificidad de la actividad; o de lo contrario podremos enfrentarnos a toda una casuística que puede ir desde sanciones de la inspección de trabajo por no cumplir con los preceptos legales, o que un contrato entre en baja al poco tiempo de iniciarse; así como, algo que pudiera ser rocambolesco pero que podría encuadrase en una posible alineación indebida, si se contextualiza en una posible hecho sancionador laboral, que sin afectar directamente a la empresa, sí la coloca en una situación de enfrentarse en un incumplimiento de una prescripción legal, aunque reconozcamos, lógicamente, que no está directamente relacionada con la actividad laboral, pero que pudiera tener una cierta relevancia jurídica.

Publicado el 7 de mayo de 2022 en Iusport

Ironía frente a lo "difícil de explicar"

Resulta ciertamente irónico, cuando en la circunstancia real nos encontramos con el paroxismo de que a lo que a unos beneficia; a otros puede resultar dañino e injusto. Y esto viene a colación de la situación de un procedimiento, de inmediatez mediática, bajo el sucumbe de los titulares en el que una jugadora, miembro de la selección, presuntamente agredida sexualmente tiene que asumir los costes de su defensa, y el presunto agresor y los que presuntamente ejercían presiones sobre la misma, en el turno de la fianza resultan amparados por una estrategia comercial como es la póliza de responsabilidad civil de los ejecutivos, cuyo tomador es la Federación Española de Fútbol: y en este caso, pagadora de una póliza, que protege a los investigados, frente a la desprotección de la víctima, miembro, también, de la Federación, pero que sólo tiene el ser de representarla, como ha sido el caso participando en el equipo que le ha dado la mayor cota de gloria como es un mundial del fútbol femenino. Esto es un hecho, con una legalidad que retumba formando parte del determinado "derecho continental".

Pero que como aquí de lo que se trata es de hacer hoy literatura, y no de derecho, a pesar de mi condición de abogada. Me gustaría traer, a colación, una reflexión desde la lectura del reciente libro escrito por Salman Rushdie "Cuchillos", acerca de su intento de asesinato; en el que utiliza la ironía como la mejor manera de hacer frente al fanatismo. Sin comparar hechos, ni circunstancias, pero con la familiaridad de su lectura, me atrae al pensamiento la ironía, como mejor manera de ejemplarizar en la sociedad, a veces, situaciones injustas. Que reflejan, hasta qué punto, es ciertamente difícil poder cambiar estructuras, organizaciones, contratos, a pesar de las buenas intenciones, y de lo que todos proclaman como buena praxis.

La presunción de inocencia es un derecho, como también lo es la protección a las víctimas (en este caso de agresión sexual); como no lo debiera ser hacer negocio con las responsabilidades civiles de presuntos incumplidores de la legalidad vigente. Pero esto no debiera ser causa-efecto, para situarnos en un rincón del rin a esperar que nos toque la próxima pelea, frente a hechos y situaciones que, por lo compleja, que pudieran ser, no debieran desviarnos del camino de la ironía, para exponer lo injusto que es que a la víctima en un procedimiento penal le cueste dinero, y a los presuntos victimarios les cubra un seguro, porque le corresponde por su statu quo. Una reflexión que por prudencia no me adentro por ser parte en el proceso judicial en curso. Pero que quiero terminar con la frase siempre elocuente de Samuel Becket *"Somos otros, ya no lo que éramos antes de la desgracia de ayer"*.

Publicado el 21 de mayo de 2024 en Iusport

Juego limpio con las mujeres en el deporte

Bajo el lema, *Juego Limpio para las mujeres,* ha tenido lugar en Madrid la *Primera Conferencia Internacional en Defensa de las Categorías Femeninas en el Deporte.* Significativo ha sido ver la unión de organizaciones de mujeres deportistas y organizaciones feministas en este caso para una causa: la causa de la defensa de las categorías femeninas en el deporte. Ha habido un amplio debate con personalidades de diferentes países, que han venido a poner sobre la mesa, en el contexto de nuestro país, en el que está en trámite la futura Ley del Deporte, la necesidad de legislar de forma clara, para la seguridad jurídica de todos y todas, que hay que defender, en un país, con grandes diferencias, y significativamente discriminatorias para las mujeres, la existencia de categorías deportivas en base al sexo, en lo concerniente al ámbito profesional; bajo el síntoma claro del deporte del "fair play" o "juego limpio".

Ni discusión hay sobre el derecho de todas las personas a hacer deporte y a no ser discriminados/as por ello, de acuerdo a lo que señala el artículo 43.3 de la Constitución Española; aún más, tampoco puede haber discusión respecto a luchar y combatir cualquier tipo de atisbo de odio por causa de la condición sexual o afectiva de los/as ciudadanos/as de nuestro país. Y sentadas estas bases, las organizadoras del evento, con amplio apoyo de organizaciones y sociedad civil, la plataforma "alianza contra el borrado de las mujeres" ha puesto en el terreno de juego, singularmente del deporte, el escenario de un combate que puede resultar tremendamente injusto a las mujeres deportistas, por cuanto que el escenario jurídico de la autoafirmación pudiera servir para entablar una rivalidad entre personas, ajeno al verdadero debate que no es otro que el de no ser realistas en el hecho de que las categorías femeninas existen porque mujeres y hombres tienen diferencias anatómicas que producen una ventaja deportiva para los varones —pura biología—. Y es que en el deporte las marcas vienen avaladas precisamente por las categorías deportivas entre hombres y mujeres.

Es en el enfoque del ámbito profesional, claramente, y en el competitivo a todos los niveles ya en el ámbito nacional e internacional donde ese debate se establece con claros efectos al revelar desventajas físicas insalvables para las mujeres, con independencia de otro tipo de factores. Y la ciencia está ahí para ponerlo de manifiesto, y las causas de las mujeres para la defensa de estas organizaciones que hoy se han puesto bajo el visor del terreno de juego, para defender los derechos de las mujeres deportistas.

De hecho, es la Ley Orgánica 3/2007 de la igualdad efectiva entre hombres y mujeres a la que hemos de recurrir para combatir situaciones que impliquen una clara desventaja y desigualdad en este terreno de juego. Porque una cosa es el derecho, que todos tenemos a ser beneficiarios de nuestra estructura deportiva, pública y privada para hacer deporte; y otra muy distinta que existan elementos que vienen a provocar situaciones de desventajas de las mujeres por razón de su sexo. Y esto podría, por ejemplo, verse reflejado con un claro ejemplo —el de la maternidad— artículo 8 de la citada Ley— elemento que resulta una praxis discriminatoria para las mujeres, y que podría, en este caso, ser sustanciado con frecuencia por las entidades deportivas en favor no del sexo femenino, por el espacio corto de tiempo que dura las temporadas deportivas, en competiciones federadas.

Hemos de tener en cuenta que el debate se contextualiza en las competiciones federadas y profesionales, las que conforman el movimiento olímpico, donde las marcas y los resultados tienen un significado para el/la deportista. Por cuanto la razón de ser del deporte es la competición y la competición reglada en el contexto internacional.

El debate que ya hace un tiempo está en el movimiento olímpico no está cerrado ni mucho menos, y cada vez más son las y los deportistas y organizaciones, la mayoría de mujeres, y federaciones deportivas que quieren claridad de reglas y normas, para que el deporte femenino no sea envuelto en el denominado "dopaje del despacho" aquel que determina que todo vale, según te puedas identificar, sin tener en cuenta el sexo, si con ello se produce una discriminación en la competición de las mujeres, permitiendo una ventaja competitiva en función de la biología, contraria a los valores universales que señala la práctica deportiva, recogidos en la Carta Internacional de la Educación Física y el Deporte de la UNESCO; y más teniendo en cuenta, que detrás de todo ello se pueden situar escenarios de merma de presencia de mujeres, lo que nos volvería a situarnos en la década de los sesenta. Es por ello que, ante el escenario de la nueva normativa del deporte de nuestro país, hemos de valorar bien todos los aspectos del articulado, en defensa, por un lado, de los derechos de todos y todas a hacer deporte; y por otro, que las reglas inspiradas en el "juego limpio" normativo no desplace, por ser injusto a las mujeres, por razón de su sexo, fuera del terreno de juego.

Publicado 20 de febrero de 2022 en Iusport

Jugar al fuera de juego

El caso "*Negreira*", es otro asunto más, que llena de titulares los medios de comunicación, al hecho futbolístico. Un deporte codiciado por mucha gente, porque conforma parte del ecosistema popular, más allá del propio deporte. La prensa, no sólo la deportiva, viene asemejando instituciones y órganos del fútbol a hechos consustanciales judiciales; como es el otro caso, que tiene sumida a la Federación de Fútbol, ante una causa penal de envergadura en un juzgado de Majadahonda. Lo destapado por la prensa estos días, circunscrito a una mala praxis en el FC Barcelona, es un retazo de tormenta más que añadir, y a situar en fuera de juego en el deporte del balón.

La imagen de trascendencia de estos casos añade un dramatismo al terreno de juego del fútbol en nuestro país, embarcado en una candidatura para un Mundial, y que ya algunos colegas de otros países nos preguntan, hasta cuándo va a llegar este recorrido, que la prensa titula bajo escándalos y visos de corruptelas. María Zambrano, cuando avanzaba en su teoría en torno a la sociedad del futuro, y el necesario equilibrio entre la conciencia histórica y el pasado de este país, marcado por sistemas de privilegios. Decía, con profusión, *en el pasado la Historia la han protagonizado unos cuantos, y la han padecido muchos; y ahora la protagonizamos todos.* Lo que resulta en este caso, por el mantra de las altas esferas del fútbol y significativas instituciones, que el nepotismo de antaño se traga cualquier atisbo de limpieza y transparencia en nuestro deporte. Un deporte que sigue engrandando su nombre, en el terreno de juego, bajo el buen hacer de los y las futbolistas, pero que "apesta" cuando "escándalos" como el que parece secuenciar, bajo precio e interés no sano, se sustrae a cualquier tipo de control económico, y buen hacer de las instancias gubernamentales, en relación a ese control económico, y exigencia de los propios socios. Pues no hemos de obviar que todas estas organizaciones están sometidas a la transparencia y a auditorías por doquier.

Parece claro que lo que estamos viviendo estos días, y con un procedimiento abierto, grave, por ahora con secreto judicial de por medio, se aleja tanto del concepto de Pasolini, cuando definía al fútbol *como ese lenguaje universal que permite comunicar a través de los pies y de una pelota,* reseñado en el libro "El fútbol según Pasolini.

Cuando surge este tipo de vaivén que sacude el fútbol, en general, en España, porque aun cuando en esto siempre están los que incumplen, frente a la inmensa mayoría que cumple. La trascendencia mediática, empaña a gran parte del ecosistema, y la sombra de la duda de la no limpieza, proyecta una mala señal.

Es por ello, que siendo consciente de que el deporte en España es una prolongación de muchas decisiones de carácter público-deportiva, se ha de estar proactivo para sacar de la duda a todo lo que mancha la grandeza de este deporte, capaz de concitar el mayor de los consensos cuando nuestros equipos patrios nos representan en el ámbito internacional. No podemos dejar de pensar que es el ocasional "fuera de juego" al que hemos de someternos. Porque hemos de ser conscientes que el sistema ha fallado, que han fallado los controles internos de las organizaciones, la capacidad de supervisión de los socios, el ventajismo del privilegio en el que algunos de estos personajes se instalan. La propia Unión Europea hace tiempo que viene haciendo una recomendación sobre la participación de los socios y accionistas en estas estructuras como contrapesos a situaciones de nepotismo, frente a instancias que se abstraen fácilmente a cualquier tipo de contrapeso de control.

La preocupación, por tanto, más allá del hecho correspondiente a que las instancias policiales y judiciales actúen, no pueden dejar de paralizar los resortes que obligan a actuar a los responsables gubernamentales deportivos, teniendo en cuenta que el deporte, y el del fútbol, sin duda, tiene un impacto directo y de gran relevancia en la economía española; especialmente, a través del deporte profesional. La propia ley del deporte de 2022 señala en su preámbulo:

> *El ecosistema deportivo en su conjunto contribuye a la transformación socioeconómica del país.*

Tal importancia tiene el elemento de desarrollo económico y de incidencia por el potencial que representa que su artículo 14. m) en competencias del CSD señala:

> m) Conocer las auditorias de cuentas y las cuentas anuales de las entidades deportivas reconocidas por esta ley, así como recabar los informes y documentos complementarios en relación con las mismas; encargar la realización de auditorías de cuentas cuando así se establezca en esta ley o en sus disposiciones de desarrollo; fijar los criterios generales de solvencia de las entidades deportivas que se implanten por las ligas profesionales y las federaciones deportivas españolas en el ámbito de sus respectivas competencias, y conocer los informes de buen gobierno de las federaciones deportivas españolas y de las ligas profesionales, adoptando, en su caso, las medidas oportunas.

Para a continuación en su artículo 14. x)

> x) Velar por la efectiva aplicación de esta ley y demás normas que la desarrollen, ejercitando al efecto las acciones que procedan, así como cualquier otra facultad atribuida legal o reglamentariamente que persiga el cumplimiento de los fines y objetivos señalados en la presente disposición.

Es por ello, que no se puede tener una posición de omisión ante la revelación de tales escándalos, porque salvaguardar el deporte y su industria requiere de una activación de todos los que conformamos el deporte, y en especial, del que tiene el legítimo derecho y deber de supervisor. Además, todo ello hace daño, daño reputacional, daño a la industria, y daño a ese *forofo,* en el buen sentido, al que definía **Pasolini:** *ser seguidor de un equipo de fútbol es una enfermedad juvenil que dura toda la vida.* Aunque esto parece olvidarse, en ocasiones, clubes, ligas y federaciones, cuando alejan de sus campos patrios competiciones oficiales.

Hay que sistematizar todos los grados de responsabilidad y supervisión porque de lo contrario quien se escuda en la existencia de unas reglas, para justificar que se ejerce la justicia, y se olvida de aplicarlas, se posiciona en un escenario de clara arbitrariedad.

Publicado el 14 de abril de 2023 en Iusport

La jornada laboral en el deporte en contratos temporales a tiempo parcial

El Real Decreto 1006/1985 que regula la relación de los deportistas profesionales, en su artículo 9 define la jornada de las personas deportistas de la manera siguiente:

> ***Art. 9. Jornada.***
>
> *Uno.—La jornada del deportista profesional comprenderá la prestación efectiva de sus servicios ante el público y el tiempo en que esté bajo las órdenes directas del club o entidad deportiva a efectos de entrenamiento o preparación física y técnica para la misma.*
>
> *Dos.—La duración de la jornada laboral será la fijada en convenio colectivo o contrato individual, con respeto en todo caso de los límites legales vigentes, que podrán aplicarse en cómputo anual.*
>
> *Tres.—No se computarán a efectos de duración máxima de la jornada los tiempos de concentración previos a la celebración de competiciones o actuaciones deportivas, ni los empleados en los desplazamientos hasta el lugar de la celebración de las mismas, sin perjuicio de que a través de la negociación colectiva se regule el tratamiento y duración máxima de tales tiempos.*

Ateniendo a lo que se describe en este último párrafo, y en el contexto, en el que se circunscriben estas relaciones laborales referido a una excesiva parcialidad, especialmente a todos aquellos contratos, de las ligas no profesionales, y que esto supone más de un cincuenta por ciento de la masa salarial. Nos encontramos con el hecho de jornadas laborales de hasta más de 50 horas semanales, si nos atenemos a lo establecido en el apartado tercero de este artículo nueve, bajo la recurrente jornada a tiempo parcial.

Lo que se advierte de esta grave circunstancia, y que, puestos a denunciar en la inspección de trabajo, a pesar de las reiteradas campañas del Ministerio de Trabajo para controlar las horas trabajadas en estos contratos parciales, que, a tenor de lo que sigue vigente en este artículo, poco o nada pueden hacer.

Y todo ello en el escenario de lo que pretende el Gobierno de España en relación a reducir las jornadas laborales. Resultando curioso, si esto no se modifica que en el deporte nos encontramos con tiempos parciales, que no pueden ser denunciados, en base al apartado tercero del artículo noveno. En el figurado propósito de un articulado que entiende que esta norma sólo está pensada sobre supuestos de contratos a tiempo completo. Una realidad que sólo se da en un 10% de la población trabajadora en su condición de deportistas profesionales. Provocando una situación de agravio y de discriminación, que, como se puede comprender, dada la situación de brecha en la que sigue sumida el deporte, se perpetúa en las mujeres deportistas, o en deportistas con ligas poco desarrolladas. Con la consecuencia que acarrea de menos cotización y de vulneración de su concepto laboral.

Las cifras en España reconocen que en septiembre de 2023 había 2.972.276 afiliados a la Seguridad Social con contratos a tiempo parcial. Más de dos tercios (el 67,53%) son mujeres, en concreto 2.007.069 del total de los trabajadores a tiempo parcial en nuestro país.

De esta manera, son muchas vidas laborales que seguimos observando en estos/as deportistas en las que aparecen parcialidades abusivas, si contásemos los días de partido o desplazamientos como jornada, y teniendo en cuenta que no tienen convenio colectivo que pudiera corregir esta situación. Y lo más grave de todo ello, ante esa no reforma, que aun denunciando no se puede contabilizar como horas trabajadas, lo que supone restarle entre ocho o diez horas semanales (teniendo en cuenta, además, que en muchos casos, son largos desplazamientos).

Cuando algunas abogamos por la laboralización nos estamos refiriendo a esto, a no dejarse sucumbir por la especialidad del ámbito deportivo, en detrimento de los derechos laborales.

A lo que hay que añadir la sustracción, incluso, del artículo 34.9 E.T., referido al registro horario – teniendo en cuenta que dicho registro se aplica a la totalidad de trabajadores/as, dentro del ámbito del artículo primero E.T. (Estatuto de los Trabajadores). Por lo que, en este aspecto, al ser una relación laboral, nos guiamos por lo que a los efectos dice el artículo que regula la jornada del referido RD 1006/1985, pero si lo hacemos, sin filtros, y sin otra consideración estaremos cometiendo un agravio de estos trabajadores, incompresiblemente, con el resto, y anulando las conquistas sociales, y participando en una situación de "sometimiento" impropia de un país que lucha por unas mejoras laborales constantes. Y lo que es peor, referida a personas trabajadoras con contratos a tiempo parcial, y en situaciones de falta de convenios colectivos, y escasos reconocimientos laborales. Adentrándonos en un abuso del derecho, porque esa ilimitación "suigéneris de la jornada", ni siquiera está compensada de manera proporcionada ante esa mayor exigencia de tiempo de trabajo – por lo que dice el art.9.3 RD1006/1985 de 26 de junio, teniendo en cuenta que tampoco sería o de dudosa aplicabilidad el artículo 12.4 del E.T.

A lo que hay que añadir que el desplazarse fuera del centro de trabajo habitual, cosa que ocurre los fines de semana que tocaría jugar fuera del campo propio, no entraría en la jornada laboral, tampoco sería predicable de un tipo de registro, que, en este caso, debería ser documentada por parte de la propia persona trabajadora. De ahí, que como abogada siempre recomendemos a los y las deportistas que guarden a buen recaudo el programa de entrenamiento y de desplazamientos. Y más teniendo, en cuenta, la exigencia legal que los registros de las jornadas parciales han de permanecer a disposición, en el sentido de que sea posible acceder a los mismos en cualquier momento en que se soliciten por los trabajadores, sus representantes o la Inspección de Trabajo y Seguridad Social, garantizando el empresario su cumplimiento, que será coherente con el sistema de registro utilizado.

Publicado 14 de mayo de 2024 en Iusport

La Ley del Deporte respecto a las mejoras sociales

Recientemente participé en un foro, organizado por la Asociación Española de Derecho Deportivo (AEDD), que con talente y diálogo está poniendo en marcha diferentes foros de participación en torno al desarrollo de la Ley del Deporte. En uno de ellos tenía el objeto de recabar propuestas en relación al desarrollo reglamentario de la referida legislación. Y en este caso, el epicentro del debate se produjo en torno al seguro del deportista.

Evidentemente los participantes pusieron de manifiesto esas diferencias interpretativas que entendían debían de ser aclaradas, respecto a su propia afectación. En relación con el seguro del deportista parece ser que la alarma en las federaciones se fragiliza en torno al hecho de seguir el tenor literal del artículo 23.3 de la Ley del Deporte de 2022, esto es, la conquista y avance social que ha supuesto para los deportistas. De hecho, el preámbulo de la Ley 39/2022 del Deporte señala que esta Ley *"constituye la primera reforma (R1) del Componente 26, relativo al «Fomento del Sector Deporte», del Plan de Recuperación, Transformación y Resiliencia del Estado"*. Por tanto, tiene una apoyatura económica de primera magnitud. Para los que plantean la inviabilidad del desarrollo de un texto ante falta de medios, cuando se trata de una apuesta de fondos de la Unión Europea, aún más, justificativa de los mismos.

No cabe duda, pues, que en esa financiación están y que deben estar para, según señala la referida ley "*garantizar unas condiciones de seguridad individual y colectiva idóneas que reflejen en las personas todos los beneficios que conlleva la actividad deportiva*".

Por lo que se mandata, respecto al artículo 23.3 de la Ley 39/2022 del Deporte, en conexión con los artículos 2.3 y 3. a)

b) y c) no puede quedar al albur de intereses lo que constituye un derecho largamente demandado por los colectivos de deportistas, así como organizaciones como CERMI, y la Fundación Lucas 18 —que están trabajando de una forma excepcional, contra la precariedad del seguro del deportista y su regulación por RD 849/1993 de 4 de junio que regula las prestaciones mínimas del seguro obligatorio deportivo—. Teniendo en cuenta que han sido y siguen siendo muchos deportistas los que se quedan en situación absolutamente precaria, frente a una denostada regulación, injusta, antisocial, y que ha venido, por fin, a ser subsanada por la Ley del Deporte en su referido artículo 23.3. En este caso, el vuelco y el cambio en el articulado se ha debido al trabajo de la sociedad civil, clave, con capacidad de respuesta ante lo que era una ignominia desde hace años. Es por ello, que el trabajo, entre otros, de la Fundación Lucas 18 (que trabaja para asesorar a deportistas ante lo que la fragilidad de esta normativa, ahora modificada), junto con las organizaciones de deportistas para dar ese cambio, propició, vía enmienda, el cambio de paradigma en el texto de la nueva Ley.

Es por ello, que no puede caber duda de la actual vigencia del mismo, y esto apoyándonos en el propio texto cuando se insiste que en el artículo 2.3 para garantizar una política rectora de un mandato constitucional, que tiene como objetivo conceptos tales como "*la igualdad, la inclusión, la participación, la ética y el juego limpio, la competitividad razonable y ordenada, la mejora de la salud física, mental y social y la superación personal*". Indicando expresamente que debe garantizarse esa práctica en condiciones de seguridad y salud.

Y en base a ello referimos el artículo 3 en conexión puntos a), b) y c), cuando significativamente establece que ese acceso ha de ser en condiciones de, seguridad y mejora; así como que no se puedan dar elementos que rompan con el principio de protección de las Administraciones Públicas, como bien señala el art. 3 b); una acepción clara del riesgo tan presente en el deporte como se indica en el artículo 3 c).

Podría señalar aquí algunos casos, demasiados, por la situación en la que han quedado postrados/as deportistas ante esa mala e ineficiente regulación del baremo del seguro del deportista, que ahora ha venido a ser corregida por el trabajo de estas organizaciones cívicas, para que lo que hoy es un mandato claro, contundente y de imperativo cumplimiento se convierta en una esquiva posición cuando trata de corregir algo tan injusto como relegar a la capacidad económica de las familias, lo que debiera ser la plasmación del estado social y de derecho para que aquellos/as deportistas gravemente lesionadas tengan sus derechos amparados para hacer frente a unos costes económicos, que les permitan tener una vida con plenos derechos, sin que sean mermados por la capacidad económica de su entorno familiar, lo que sería una grave injusticia, además de una indignidad.

Publicado 4 junio de 2023 en Iusport

El negocio del fútbol y los derechos laborales

Ser seguidor de un equipo de fútbol es una enfermedad juvenil que dura toda la vida.

Pier Paolo Pasolini

Bajo la lógica de Pasolini el fútbol se mueve entre dos coartadas: la de los negocios, y la del *tifosi.* Esta última es arengada para servir de vía libre a todo tipo de decisiones, en nombre de lo que definía Pasolini como "*el fútbol de los puros*". En nuestro país el negocio del fútbol se mueve en unas cifras de un sector industrial, con una contribución al PIB de 1,44 % aproximadamente. La descendencia a la laboralización de esta actividad nos sitúa, en la descripción de una relación laboral especial, con dos convenios colectivos segregados por sexos. Y una normativa laboral regulada por el Real Decreto 1006/1985, que regula la relación de los deportistas profesionales; ampliamente reivindicada su modificación por haber caducado sus efectos, en relación, a cuestiones tan determinantes como la libertad de expresión, por ejemplo. Cada semana asistimos a críticas de los y las futbolistas que son corregidas bajo un código disciplinario, que tiene categoría de un simple reglamento, y que contraviene nuestro texto constitucional, que protege especialmente la libertad de expresión, como el derecho de una persona a expresarse. Es algo para preocuparse seriamente, observar como muchos/as profesionales no pueden opinar, porque inmediatamente van a sufrir un castigo; esencialmente, cuando lo que hacen es expresar una manifestación en el marco de su actividad laboral. Esto es, como si cualquier trabajador por decir que no nos gusta la orden del jefe, seremos inmediatamente sometidos a un expediente disciplinario. Sinceramente, creo, que, además de un sistema, que limita la libertad de expresión, esconde una forma de actuar que trata de mantener un orden, para que nadie se exprese. Porque socialmente no se entiende esto.

El propio Tribunal Constitucional ya lo ha manifestado respecto a la libertad de expresión en el ámbito laboral, cuya posición es garantista en relación con el derecho a la libre manifestación de los trabajadores, como así lo señala en la Sentencia 146/2019, acerca del derecho a la crítica de cualquier persona trabajadora.

Significa esto que en el fútbol ¿hablar al árbitro como un actor es incurrir en un acto de indisciplina, aunque se menoscabe la libertad de expresión del trabajador/ra futbolista? Sencillamente es un escándalo, y más cuando el terreno de juego, que es un campo laboral, sirve para controlar ese derecho universal a expresar la opinión. Y cuando esto manifiesto, lo hago entendiéndose desde la corrección frente a lo que es un agravamiento del insulto. Que, también en ocasiones, viene acompañado de una situación de poder, que llega a limitar el ejercicio de la actividad profesional. Pues no debemos de olvidar que en, ocasiones, esas sanciones llevan implícito el no poder jugar en sucesivos partidos.

Y en este panorama, por otro lado, nos encontramos, que, si esa limitación a la libertad de expresión está pautada por un código disciplinario, con ninguna concurrencia de los representantes de estas personas trabajadoras. Ahora, por el contrario, aparece el negocio del *Big Data*, en la que se pretende que se conozca lo que piensan y dicen en la intimidad de los vestuarios estos/as profesionales. Habrá que empezar a cambiar códigos y proteger la libertad de expresión por lo indigno que resulta trivializar con este derecho, del que gozan también los y las futbolistas, porque como trabajadores que son les protege nuestra constitución. Y un árbitro o un comité de competición no debiera enmendar, por la vía de los hechos, nuestro texto constitucional.

Publicado el 15 de noviembre de 2023 en el País

Incumplir el permiso de paternidad: ¿situación de alineación indebida?

Bajo este título me gustaría reflexionar sobre un tema acuñado por la sociedad del bienestar y que tiene que ver con la conciliación familiar y la atención de los menores en el hogar familiar. De hecho, la nueva prestación se denomina *prestación por nacimiento y cuidado del menor.* Este nuevo marco jurídico lo encontramos en el Real Decreto-Ley 6/2019 de 1 de marzo de medidas urgentes para la garantía de la igualdad de trato y de oportunidades entre mujeres y hombres en el empleo, concretamente en su Disposición transitoria decimotercera, en su apartado f):

A partir de 1 de enero de 2021, cada progenitor disfrutará de igual periodo de suspensión del contrato de trabajo, incluyendo seis semanas de permiso obligatorio para cada uno de ellos, siendo de aplicación íntegra la nueva regulación dispuesta en el Real Decreto-ley 6/2019, de 1 de marzo.

Un marco legal que conlleva una serie de consecuencias, la primera y más inmediata es de la eliminación del permiso de dos días por nacimiento del hijo, contemplado en el ex artículo 37.3 del Estatuto de los Trabajadores. En este sentido la STS número 301/2022 de 5 de abril, señala:

> *«La redacción vigente del artículo 48.4 Estatuto de los Trabajadores impone que de las dieciséis semanas de suspensión del contrato a las que tiene derecho el progenitor, distinto de la madre biológica, también sean obligatorias, al igual que en el caso de esta última, las seis semanas ininterrumpidas "inmediatamente posteriores al parto". Esta preceptiva inmediatez al momento posterior al parto de la suspensión del contrato por la causa de nacimiento, deja sin espacio al anterior permiso retribuido de dos días por nacimiento, que, además de tratarse de un permiso retribuido y no de una causa de suspensión del contrato de trabajo, tenía que disfrutarse asimismo de forma inmediatamente posterior al parto. El permiso*

retribuido por nacimiento estaba vinculado al momento mismo del nacimiento y no a otro momento posterior».

Esta baja contempla, lógicamente, tanto el nacimiento como la adopción, así como la guarda y el acogimiento. Al hilo de esto, la otra consecuencia directa es que se consigue, así, igualar la baja por maternidad y paternidad entre la madre y el padre; además, de no poderse transferir al otro progenitor/a. En este sentido, se sigue cobrando el cien por cien de la base reguladora, eso sí, no se incluyen ni dietas, cheques restaurantes o plus de transportes, por ejemplo, entre otras retribuciones.

Estas decisiones políticas y luego convertidas en normas de aplicación general tienen consecuencia y efecto del concepto de la sociedad del bienestar, atendiendo a las demandas sociales de protección de las familias, protegiendo por ello, también, a las mujeres en su rol de madre y trabajadora respecto a situaciones de vulnerabilidad en el embarazo y lactancia. Haciendo hincapié en tratar de no perjudicar la carrera laboral de la mujer, y la compatibilidad en relación a la maternidad. Estas medidas van encaminadas a garantizar no sólo la igualdad de oportunidades de acceso al trabajo, sino que, también y además, para asegurar una continuidad de un ingreso que con frecuencia es vital para el bienestar de toda la familia. En el año 2000, los delegados de la Conferencia Internacional del Trabajo adoptaron el Convenio de la Organización Internacional del Trabajo (OIT) sobre protección de la maternidad encaminada a estas decisiones jurídico-políticas. En nuestro país, la aprobación de la Ley Orgánica 3/2007, de 22 de marzo, para la Igualdad efectiva de hombres y mujeres incluye ese permiso como medida de apoyo a la conciliación de la vida personal, familiar y laboral, un permiso retribuido por nacimiento hijo/a.

Bajo estos presupuestos, y su aplicación al ámbito del deporte, actividad profesional regulada por el Real Decreto 1006/1985, al tratarse de una relación laboral especial y que, en lo no tratado, supletoriamente, como señala su artículo veintiuno, se aplica el Estatuto de los Trabajadores, se tendrá que establecer el encaje de este imperativo legal en una actividad que tiene como especificidad identitaria el hecho de que las relaciones laborales en el deporte son de duración determinada. Es por ello, que puede ser y de hecho va a ser habitual que los clubes coloquen a sus deportistas en la obligación de tomarse la baja, en base a este imperativo legal, para, entre otras cuestiones, evitarse posibles sanciones que podrían derivarse de la inaplicación de esta normativa; al mismo tiempo, de no asumir la retribución durante ese período en baja laboral, por ser la seguridad social la que asume esa prestación *por nacimiento y cuidado del menor.*

Ante esto y una vez más ante este Real Decreto 1006/1985 que regula la relación de los deportistas profesionales, que necesita con urgencia una reforma para en casos como este, así como todo lo que tiene que ver con medidas de conciliación, igualdad, indemnización, etc. pueda arbitrar mecanismos de actuación frente a situaciones que deben ser contextualizadas y normativizadas en el ámbito de las relaciones laborales de los y las deportistas profesionales, en evitación de la inseguridad jurídica por la especificidad de la actividad; o de lo contrario podremos enfrentarnos a toda una casuística que puede ir desde sanciones de la inspección de trabajo por no cumplir con los preceptos legales, o que un contrato entre en baja al poco tiempo de iniciarse; así como, algo que pudiera ser rocambolesco pero que podría encuadrase en una posible alineación indebida, si se contextualiza en una posible hecho sancionador laboral, que sin afectar directamente a la empresa, sí la coloca en una situación de enfrentarse en un incumplimiento de una prescripción legal, aunque reconozcamos, lógicamente, que no está directamente relacionada con la actividad laboral, pero que pudiera tener una cierta relevancia jurídica.

Publicado el 7 de mayo de 2022 en Iusport

Los falsos autónomos en el deporte

La reforma laboral de 2022, con ser necesaria, ha dejado atrás a un colectivo, el de los deportistas profesionales, relación laboral especial, cuyo marco regulatorio lo tenemos en el Real Decreto 1006/1985. Hace tiempo que desde el sector de las organizaciones de deportistas venimos exigiendo esa necesaria reforma de este Real Decreto del año 1985, que, en cambio, en circunstancias similares y ante la reforma, sí se ha llevado a cabo en relación **al Real Decreto 1435/1985, de 1 de agosto**, *por el que se* ***regula*** *la* ***relación laboral*** *especial de las personas* ***artistas,*** *que desarrollan su actividad en las artes escénicas, audiovisuales y musicales, así como de las personas que realizan actividades técnicas o auxiliares necesarias para el desarrollo de dicha actividad.*

Misma duración en vigor, similar especificidad y en este caso, sí que el Gobierno ha estado presto, con el trabajo encomiable de la organización **Unión de Actores y Actrices**. Con absoluta razón, ya que la reforma barre del marco normativo, los contratos de obra y servicio, muy habituales en este ámbito, como pasa con el de los deportistas profesionales. Una necesaria reforma que día que día que pasa merma los derechos de estos y estas deportistas, caracterizados/as con una precariedad laboral, escasa cotización a la seguridad social, abuso de la figura del falso autónomo, excesiva parcialidad, entre otras características. Y más, teniendo en cuenta lo que dice el art. 9.3 —del referido Real Decreto 1006/1985— respecto a la jornada laboral, pues regula como si todos los deportistas estuvieran a tiempo completo.

> *"No se computarán a efectos de duración máxima de la jornada* ***los tiempos de concentración previos a la celebración de competiciones o actuaciones deportivas, ni los empleados en los desplazamientos hasta el lugar de la celebración de las mismas, sin***

> ***perjuicio de que a través*** *de la negociación colectiva se regule el tratamiento y duración máxima de tales tiempos".*

Así como, por el caso del período de prueba —art. 5—:

> *"Podrá concertarse por escrito un período de prueba, cuya duración* ***no podrá exceder de tres meses y que se regirá por lo*** *dispuesto en el Estatuto de los Trabajadores".*

Teniendo en cuenta que muchos contratos están durando entre cinco y seis meses. Este artículo significativamente necesita de su reforma, así como el anterior en el abuso de la parcialidad. Y así otras cuestiones, que dado los más de cuarenta años trascurridos, no han sido modificadas desde esta norma y siguen sin resolverse, a no ser la jurisprudencia, que siempre es un coste de tiempo y económico en relación a cuestiones como menores deportistas, derecho de formación, incapacidades, indemnización, conciliación, etc.

Una afectación, como se puede entender, que está perjudicando a aquellos/as deportistas no del titular de prensa, pero que componen la inmensa masa de los/as trabajadores del deporte, con situaciones precarias, con escasa profesionalización de sus ligas, y mínimos convenios colectivos, en el caso español sólo un convenio del fútbol femenino, frente a los seis de otras disciplinas que sólo afectan a los hombres deportistas.

Pues bien, esta y otras razones nos han llevado a pedir y reiterar la necesidad de reformar este marco normativo. Y ahora aún más, cuando ha desaparecido el formulario del contrato de obra y servicio y los clubes, como empresas, en plena pretemporada y pronto inicio de temporada se encuentran con la indefinición acerca del tipo de contrato con el que dar de alta en la seguridad social.

Pero ello parece ser que no encierra gran preocupación, a pesar de lo que se dice del deporte de nuestro país. A no ser que el legislador y los responsables políticos del deporte sólo piense en el deportista de élite, en el escenario programado de la foto, mimética del triunfo deportivo. Obviando la condición de profesional.

Esta situación, sin duda, de absoluta inseguridad jurídica provoca la presunción de una masa de fraude que nos debiera preocupar. Y que algunas somos conscientes de ahí nuestras denuncias en la Inspección de Trabajo. Pues bien, ahora al escenario de esta reforma laboral de contratos formación, fijos discontinuos y fijos ha dejado el escenario a los contratos de obra y servicio. Sin alternativa a la especificidad de estos trabajadores. Y como la casuística puede ser inmensa en algunos casos ya están planteando contratos de falsos autónomos.

En cambio, este Gobierno sí ha procedido a reformar la normativa referida al Real Decreto 1435/1985 que regula la relación laboral de los artistas desde hace, ante la eliminación del contrato por obra y servicio que normalmente se utilizaba para contratarnos a los artistas. De esta manera, con esta reforma del Real Decreto, el Gobierno ha introducido un nuevo modelo de contrato llamado *"contrato laboral artístico de duración determinada"*.

Es por ello que, siguiendo este ejemplo, y dado la precariedad de la normativa de protección de los y las deportistas profesionales que se atienda a las exigencias de las asociaciones de deportistas para que se lleve la reforma lo antes posible del RD 1006/1985 y se haga justicia con el papel de estos y estas deportistas, que tan poco han merecido su atención en el marco de sus derechos laborales, con una norma de más de cuarenta años en vigor.

Publicado 8 junio de 2022 en Iusport

La reforma laboral olvida a los y las deportistas: el fraude de los fijos discontinuos

Como ya hemos reiterado en otros artículos la reforma laboral ha hecho desaparecer los contratos "por obra y servicios determinados", por abusivos, y fuera de marca en una sociedad que pretende consolidar las relaciones laborales, para dar fortaleza a los derechos de los y las trabajadoras.

Pero hete aquí que tenemos un marco laboral, el de los deportistas, específico, según señala el artículo 1.1 del Real Decreto 1006/1985 que regula la relación de los deportistas profesionales, en tanto en cuanto se trata de una relación especial.

Pues bien, según la web del Ministerio de Trabajo, a la hora de descargar el modelo de contrato en el SEPE, han desaparecido los contratos "por obra y servicios determinados" que eran donde estaban encuadrados estos contratos, y ahora los sitúan en un fijo discontinúo, como si la vida del deportista se enmarcara dentro de la vida laboral de cualquier trabajador/a de este país. Sí están los modelos de contratos de duración determinada de los artistas y del personal técnico en espectáculos públicos, pero no el de los deportistas.

Esto es, hasta los 65 o 67 años. Pero eso no es posible, y parece una obviedad. ¿Qué es lo que está ocurriendo ante esta falta y olvido de los miles de deportistas y su regulación del Estado? Que se están encuadrando en los fijos discontinuos, lo que significa que se trata de trabajadores/as de contratos indefinidos, no trabajan todo el año, sólo por temporadas.

Y el empresario se ahorra los meses que no trabaja. Y curiosamente se da el caso de que, aunque no figuran como desempleados, porque tienen un contrato vigente, sí cobran las prestaciones.

Lo que se puede entender todo esto como un despropósito, además de un olvido imperdonable para miles de deportistas, que les sitúa en una situación de inseguridad jurídica para estos trabajadores.

Que, siendo desempleados/as siguen vinculados/as a un club. Pero de lo que no cabe duda es del hecho de que no pueden ser catalogadas sus relaciones como de indefinidas, si tenemos en cuenta que son contratos de duración determinada. Y aunque tenemos el RD 1006/1985 que regula esa relación profesional, se nos ha caído desde el derecho laboral común el soporte del modelo de contrato y el verdadero sentido del mismo.

Lo que debe ser urgentemente subsanado para no encontrarnos, aunque ya vayamos, a un escenario de situaciones de fraude y de desprotección para estos y estas deportistas, que están entre un marco laboral, que regula sus relaciones laborales, inamovible desde el año 1985, teniendo en cuenta todos los cambios sufridos por el deporte, concretamente, el deporte profesional.

Y que el Estatuto de los Trabajadores y la reciente reforma se hayan olvidado de estos y estas trabajadores/as, por el mero hecho de no atender a las reivindicaciones que, desde hace tiempo, por ejemplo, viene demandando el sindicato de futbolistas —AFE—.

Ocasión que sería de interés en el marco de esta reciente reforma laboral, para dar valor al trabajo de tantos y tantas deportistas que reivindican que se les tenga en cuenta en el contexto de sus relaciones laborales.

Se trata de evitar que sus contratos sean encuadrados en los fijos discontinuos, con lo que ello supone de indeterminación de su marco jurídico, que conlleva en la práctica unas limitaciones a sus derechos laborales en relación con temas de conciliación, incapacidades laborales, indemnizaciones, etc.

Publicado el 19 de junio de 2022 en Iusport

La salud del deportista a debate

El pasado seis de diciembre el Consejo Superior de Deportes publicó la convocatoria de ayudas —destinadas a las Federaciones Deportivas, para la protección de la salud del deportista—. Con una cuantía de seis millones de euros. Una vez más, conforma parte de esas medidas financieras, como parte de la prioridad en el ámbito del deporte, de fondos provenientes de la Unión Europea. La reciente aprobación de la Ley del Deporte de 2022 llevó aparejada la incorporación de materias destinadas a la protección de la salud del deportista.

El objeto de estas ayudas económicas se circunscribe a trabajar en todas aquellas actuaciones que tengan por objeto incrementar el rendimiento deportivo de los y las deportistas; así como implantar proyectos innovadores que tienen que ver con la salud integral de los mismos. Hace tiempo que las organizaciones de deportistas vienen reivindicando la necesidad de poner en el centro del debate; y, por tanto, de las decisiones todo lo que tiene que ver con la salud de los deportistas. Que sirviera no sólo para modificar normas de carácter deportivo, sino que todo lo que tiene que ver con la salud mental dejara de ser algo opaco, y se hable de ello. Y lo que es más importante, se busquen mecanismos para contrarrestar lo que no deja de ser un debate real.

La otra cuestión clave es obligar a las federaciones a modificar normas de carácter deportivo, cuando los datos señalan la recurrencia de lesiones y que, la no modificación de esas normas de carácter técnico deportivo, afectan directamente al incremento de las lesiones. Así como, por otro lado, a usar las nuevas tecnologías para promover avances en el rendimiento deportivo, como causa-efecto de líneas de investigación aplicadas a la actividad deportiva.

La salud como prioridad conforma la objetivación de esta decisión que recae, una vez más, en las federaciones. Aunque no debiera suponer que las propuestas que emanen de estas ayudas queden al margen de la interlocución a las organizaciones de deportistas. Teniendo en cuenta, que han sido estas las que a lo largo del tiempo han venido reivindicando que la competición no puede ser causa-efectos de graves y recurrentes lesiones. Y que se ponga el acento en el tema de la salud mental del deportista. Y en este caso, como bien señala la propia ley del deporte, con el concierto, además del Ministerio de Sanidad se debería incluir un plan específico, dentro del programa de salud mental.

La cuestión aquí es saber si esas medidas, una vez más enfocadas a las federaciones contarán con el apoyo de los propios protagonistas, en relación al papel de los sindicatos, en el marco de la prevención de riesgos laborales. Y que no sea, una vez más, parte de un presupuesto general, que no discrimine proyectos específicos como bien se señala en el artículo. Hay un tema clave y que tiene que ver con el análisis de poder cambiar normas técnicas deportivas en base a lesiones recurrentes, y que impiden que ese ejercicio de la actividad deportiva pueda ser contraproducente con respecto a su salud.

De hecho, por experiencia, por los casos que manejan las organizaciones de deportistas, se han incrementado las peticiones de incapacidad para el ejercicio de la actividad profesional —como deportistas— no sólo en lo que es el ámbito de las ligas profesionales. Ante la inexistencia de verdaderos planes de riesgos laborales, situaciones de stress en el tratamiento de lesiones, falta de personal especializado en la materia. Y todo ello, bajo el contexto siempre evidenciado de la sobrexposición de la parte física y síquica ante unas competiciones que son incapaces de planificar calendarios que están afectando directamente en la salud de los deportistas. Y esto en el futuro traerá graves consecuencias para las propias competiciones en sí.

8 de diciembre de 2023 publicado en Iusport

La soledad de un perdedor que creyó ser el ganador

En el sindicato de Futbolistas Españoles (AFE) del que Luis Rubiales fue su presidente hace algunos años, hemos conocido, padecido, sufrido y combativo al presidente de la Real Federación Española de Fútbol porque no entendió, después de su marcha, el papel que tiene constitucionalmente un sindicato, reconocido en el artículo siete de nuestro texto constitucional, en relación a la defensa de los derechos de los y las trabajadores/ras; así como la necesidad de mantener su independencia para el ejercicio de ese cometido.

Ha sido su obsesión la de interferir en este sindicato, con más de 45 años de historia la que le ha ido delatando en lo que hoy es una realidad, reconocida por la inmensa mayoría, si exceptuamos aquellos/as que se han inoculado de su patología Neroniana. Y así en los tribunales y ante el CSD, esperemos que esta vez sea la buena, nos personamos en la causa de la Supercopa, por entender que puede tratarse de un grave perjuicio para el fútbol de nuestro país, recibió una sanción de 200.000 euros de la Agencia de Protección de Datos cuando filtró el posicionamiento del presidente y de esta abogada en una reunión, sin autorización de la Federación. Derivó a un despacho externo, con cuenta en la Federación, que lo contrató por vía de una empresa inmobiliaria, los servicios de detectives para vigilar a los dirigentes de este sindicato. Y continúa en su trama contra el mismo con demandas y querellas. Además de utilizar otros manejos en torpedear iniciativas emanadas de este sindicato.

Cuando él se define como un feminista convencido. Resulta llamativo, que se opusiera, como Federación al hito histórico del fútbol femenino, emitiendo, durante su mandato un informe negativo ante el Consejo Superior de Deportes, contrario a la decisión, que sí tomó el CSD, de conceder la consideración de Liga Profesional de Fútbol Femenino. Esto es, si sus formas lo delatan, sus hechos también.

La clave ahora es que toda una sociedad no continúe bajo el efecto que delataba Hannah Arendt de la "banalidad del mal", y toda a una, con la legislación deportiva en la mano, se trabaje para que estos personajes queden fuera del marco democrático de estas instituciones. Por ello, me gustaría hacer una reflexión a los órganos colegiados de esta institución que tan paralizado han estado durante tanto tiempo. Y aún más, que esa corresponsabilidad no sea de una mirada o un comunicado de prensa, sino la que se ha de verter con el voto, en los órganos de representación. El poder de esta democracia está en la crítica, autocrítica y en la corresponsabilidad. ¿Existen instrumentos para combatir estos hechos y conductas? Sin duda, pero hay que hacerlos valer, y hay que trabajar, argumentar y denunciar. Porque fue esperpéntico creer que un órgano colegiado, como la Asamblea Extraordinaria de la RFEF, iba a tomar una decisión, al respecto, cuando ni siquiera venía en el orden del día. De ahí, entiendo que la FIFA emitiera una primera actuación.

La gravedad, sin duda, además de sobrepasar límites de honorabilidad y de normas deportivas, estriba en el hecho de criminalizar a la víctima. Se trata de un auténtico despropósito. Permítanme una mera reflexión: le pregunté a mi sobrino de 9 años, que ha estado atento a todo, porque le encanta el fútbol, acerca de cómo entendía todo ello, y me dijo, la jugadora no le dio permiso. Es el entendimiento de un pequeño, que es lo que hemos entendido toda la sociedad, y este Luis Rubiales insiste una y otra vez en comunicados que miente la jugadora. Por cierto, la RFEF está tardando en erradicar esta forma de proceder del que ya es una persona apartada de sus funciones. Ahora la RFEF debe estar a la altura y no pensar que Nerón Rubiales sigue al mando.

Ya no caben más excusas, ni siquiera la del concepto soberanista, para contraponer a injerencia alguna, justificando tal afirmación en que no recibe fondos públicos, cosa que hay que desmentir categóricamente, entre otras cosas, porque se trata de un agente colaborador de la administración pública, recibe indirectamente fondos proporcionados a través de la emisión de la licencia deportiva. Y sirva el recordatorio del BOE de 21 de diciembre de 2022, que por RD1034/2022 de 20 de diciembre se le concedió una ayuda de 7.500.000 euros (a cargo del CSD, y por tanto, tiene afectación a otros deportes) para la candidatura de la Copa del Mundo de la FIFA 2030. A la que, sin duda, España aspira con grandes garantías.

Debemos seguir trabajando en erradicar este tipo de absolutismo, estas actitudes y a los personajes que las encarnan. Y hacerlo con transparencia, y sin duda la RFEF ahora más que nunca debe ser transparente, no secundar ni los procedimientos, ni las decisiones del que ha sido apartado, ni mucho menos sustentar económicamente sus procedimientos con dinero federativo para abogados externos y procedimientos judiciales del que dice va a defenderse, porque tiene derecho. Efectivamente así lo marca nuestro texto constitucional, el derecho a la tutela efectiva, y que lo haga con sus propios fondos. Ahí estaremos atentos, como está atenta esta sociedad para defenderse también de esos comportamientos que ya hace tiempo este sindicato viene denunciando, y que ahora están siendo retransmitido ante este fatídico personaje neroniano.

Publicado el 27 de agosto de 2023 en Iusport

La vinculación de la licencia en el menor: rescisión unilateral imposible

La habilitación para participar en cualquier competición del ámbito federado viene otorgada por la licencia. La licencia que es el instrumento que vincula con la Federación, organización de utilidad pública, que actúa por delegación pública.

La licencia es, pues, el instrumento para la participación en competiciones deportivas oficiales de ámbito autonómico, estatal e internacional, donde se consagra el carácter administrativo de su expedición o denegación, que ya estableció el Tribunal Supremo por medio de diferentes sentencias, así como las consecuencias de tal calificación. Un carácter público que tiene su justificación en la necesidad, en base al artículo 43.3 de la C.E, entre otros, marcos normativos, que los Poderes Públicos puedan verificar el respeto a los derechos de las personas deportistas, en especial los relativos a las personas menores de edad.

El Proyecto de Ley del Deporte, ya en el marco del debate parlamentario, en el Congreso de los Diputados, en su artículo sexto, incide en la necesidad de la especial protección por parte de esos poderes públicos a estos deportistas:

> *Artículo 6. Práctica deportiva de las personas menores de edad.*
>
> 1 *La práctica deportiva por parte de menores de edad, sus derechos y necesidades, serán objeto de especial protección por parte de los poderes públicos. Las entidades deportivas sujetas a esta ley deberán garantizar el cumplimiento de las normas de protección y tutela de aquellas personas, de conformidad con lo previsto en los artículos 47 y 48 de la Ley Orgánica 8/2021, de 4 de junio, de protección integral a la infancia y la adolescencia frente a la violencia. Los poderes públicos y las entidades deportivas prestarán especial atención en prevenir, evitar y proteger a las personas menores de edad frente a situaciones de trata de seres humanos*

y lesiones a la libertad e indemnidad sexuales que puedan darse en el ámbito del deporte. 2. La práctica deportiva que realicen las personas menores de edad deberá ser ajustada y proporcional, en cada momento, a su desarrollo personal, a sus capacidades físicas, psíquicas y emocionales, de acuerdo con la Ley Orgánica 1/1996, de 15 de enero, de Protección Jurídica del Menor, de modificación parcial del Código Civil y de la Ley de Enjuiciamiento Civil, la Ley Orgánica 8/2021, de 4 de junio, y a lo dispuesto en las normas y convenios internacionales suscritos por el Estado. 3. Deberá evitarse la utilización inadecuada de la imagen y de la proyección social de las personas deportistas menores de edad, quedando prohibida la explotación económica de su imagen salvo consentimiento expreso de las personas que ejerzan la patria potestad o la tutela. 4. La recogida y el tratamiento de datos personales que afecten a las personas menores de edad exigirá, igualmente, el consentimiento de las personas que ejerzan la patria potestad o la tutela, sin perjuicio de lo que al respecto establezca la legislación de protección de datos personales. 5. La práctica deportiva profesional por parte de menores de edad estará sujeta a las normas laborales de protección del trabajo de los menores y, en particular, a lo establecido en el artículo 6 del texto refundido de la Ley del Estatuto de los Trabajadores, aprobado por el Real Decreto Legislativo 2/2015, de 23 de octubre.

Por otro lado, la reciente Ley Orgánica 8/2021 de 4 de junio establece en su artículo 3 -fines-, la necesidad de garantizar y erradicar cualquier tipo de comportamiento o conducta contra esos derechos de los menores, y establece en su artículo 4 —criterios generales— en la aplicación de los poderes públicos e instancias relacionados con los menores, el interés superior del menor, de acuerdo al artículo 2 de la Ley Orgánica 1/1996, de 15 de enero, de Protección Jurídica del Menor. Entendiendo y señalando el referido artículo que todo menor tiene derecho a que su interés superior sea valorado y considerado como primordial en todas las acciones y decisiones que le concierna, tanto en el ámbito público como privado.

Y en este sentido, como un articulado vinculante y de claro reflejo interpretativo en cualquier norma, se establece que esto incide a los efectos de la aplicación de cualquier normativa, con incidencia, según señala el referido artículo, por ejemplo, en todo lo que tiene que ver con su desarrollo personal, sin que puedan producirse situaciones de vulneración de sus derechos y que esto incida en su madurez y crecimiento personal en todos los niveles de su personalidad.

Estas premisas, que vienen recogidas en el ámbito de la legislación específica del menor. Consagrada esta praxis doctrinal, legislativa y jurisprudencial se ha de producir un reflejo también en el deporte, en lo que supone de transversalidad cuando nos estamos refiriendo a un menor, y al deporte, como organización social, que conforma el papel socializador y educador de los menores.

Pues bien, al hilo de esto, se viene observando las situaciones en las que el mero hecho de la vinculación de una licencia, decisión del tutor, y a, veces sin mayor precisión de lo que significa, está provocando que muchos menores, los casos empiezan a ser preocupantes, que se ven vinculados a permanecer en un club, en contra de su voluntad, por causa de una norma federativa, sin mayor argumento que una mínima capacidad organizativa, y que sobrepone a una serie de normas de rango superior, y lo que es peor, que están causando grave daño al menor, al obligarle a permanecer en un club o una federación, con única razón que la de la normativa organizativa, sin tener en cuenta la decisión del menor, y si el hecho de continuar con el club le acarrea consecuencias hacia el crecimiento personal del menor.

De hecho, es el único caso que podemos encontrar que lesiona su voluntad, por cuanto la permanencia en ese club, por mor de la licencia, es insalvable, por encima de la libertad que debiera tener cada individuo en relación a su toma de decisión. Y con el agravante en este caso, de que se está perjudicando el desarrollo emocional del menor. Contraviniendo, lo establecido, entre otros, el artículo 2.2 a) de la Ley Orgánica 1/1996, de 15 de enero, de Protección Jurídica del Menor.

> ***2.*** *A efectos de la interpretación y aplicación en cada caso del interés superior del menor, se tendrán en cuenta los siguientes criterios generales, sin perjuicio de los establecidos en la legislación espe-*

> *cífica aplicable, así como de aquellos otros que puedan estimarse adecuados atendiendo a las circunstancias concretas del supuesto:*
>
> ***a)*** *La protección del derecho a la vida, supervivencia y desarrollo del menor y la satisfacción de sus necesidades básicas, tanto materiales, físicas y educativas como emocionales y afectivas.*

Es por ello, que si en el caso del adulto, así como el adulto profesional deportista tiene elementos para poder rescindir esa licencia, asumiendo la causa de la decisión, en el ámbito de su libertad personal, tomada en base al menor, no hay cabida, sino se enfrenta el mismo a la disyuntiva de no competir, con lo que conlleva de quedar fuera del ámbito federado.

Resulta absolutamente conveniente dentro del marco de la ley, regular y tasar todos los supuestos de esa desvinculación, cuando va contra los intereses del desarrollo personal del menor, y con clara afectación a su personalidad.

Y en todo caso, los afectados, que cada vez hay más casuísticas, poner en juego toda la aplicación de la normativa del menor, con intervención de las autoridades deportivas autonómicas y nacionales, para que en aplicación del hecho de delegación de la licencia, actúen frente a esas normas federativas que sobreponen intereses organizativos deportivos, frente a los derechos que protegen al menor.

Publicado el 18 de marzo de 2022 en Iusport

Los contratos fijos discontinuos en el deporte aún continúan

La oportunidad que se nos brinda el fin de temporada y el inicio de la nueva temporada es el mejor contexto para volver a recordar y reiterar, a pesar de la tradición histórica, el desterrar del modelo de contrato que se sigue adjuntando —la dualidad en el deporte— al contrato del deportista como el contrato fijo discontinuo. Tan ilógico por su tipología como maquiavélico, por lo que conlleva de buscar algún tipo de subvención pública. Y sigue habiendo contratos de deportistas, bajo el mantra del fijo discontinuo.

Pues bien, si con la reforma laboral la regulación a los efectos concluyó con la eliminación de los contratos por obra y servicio, para dar lugar a los fijos de obra, para cubrir aquellas actividades que se repiten durante un mismo período de tiempo al trascurrir de años, y con fechas más o menos cierta. Contratos que están sujetos a unas particularidades cuyo incumplimiento conlleva para la empresa una importante sanción.

Pues bien, si algo caracteriza el contrato del deportista profesional, y por ende, futbolista profesional, es el hecho de que se trata de un contrato por escrito, con una duración determinada. Que se pudiera prorrogar por pacto colectivo o individual. De hecho, el propio Ministerio, a través del Servicio de Empleo Público, SEPE, estableció unas claves muy concretas para ese tipo de contrato —413 duración determinada, a tiempo completo y 513, duración determinada a tiempo parcial de los deportistas profesionales—.

Es por ello, que no se puede seguir insistiendo, y, de ahí lamentar la proliferan de contratos fijos discontinuos para el ámbito del deporte, cuando no entran en la característica más definitoria del contrato del deportista profesional que es el de la duración determinada. No obstante, seguimos viéndolos y seguimos denunciándolos, y nos extraña que desde la propia administración cuando se registran y se especifican que se trata de un deportista profesional no salte el sistema y se puedan corregir esas situaciones anómalas, y que, seguramente, juegan en el campo del engaño, o casi podríamos definir como fraude.

Es por ello, que toca advertir en los inicios de la nueva temporada para los y las deportistas profesionales que no pueden darse el supuesto de deportista en el contrato fijo discontinuo.

Por el hecho de que algunas organizaciones o clubes pretendan obtener algún tipo de ayuda, con este tipo de contratos que ha constituido la alternativa al contrato por obra y servicio, muy denostado por la Unión Europea, bajo el paradigma de un modelo que proporciona una precariedad laboral de la que se supone ha pretendido poner coto la última reforma laboral.

Lo que hemos de concluir con todo esto, que este mercado y este tipo de relación laboral especial tienen unas connotaciones y especificidades que no deben de ser sustraías, sino es en el caso, que, según su propia normativa específica, está en lo que no regule en la disposición supletoria en el marco de la legislación laboral común. Con una última y clara consigna el contrato del y la deportista profesional no es fijo discontinuo.

Publicado el 19 de junio de 2023 en Iusport

Los replicantes del machismo: respeto al trabajo de las profesionales del deporte

La igualdad entre personas es un derecho largamente perseguido, luchado y conquistado. Los valores que la sostienen no siempre están en la misma consonancia. Por eso reivindicar un día sí y otro también la igualdad no es un ejercicio de espiritismo; sino, esencialmente, un ejercicio de reivindicación de una misma. El debate social, los valores que hemos de perseguir tienen que ver con enfrentarse frente a la frivolidad que, en demasía, se produce por parte de protagonistas del deporte —a veces prensa, otras veces dirigentes, otras veces los deportistas— sobre la controversia esencial de la actividad profesional de la mujer deportista en nuestro país. Hartazgo produce la monotonía de las expresiones: queda mucho camino por recorrer, su nivel aún no es comparable al de los chicos, no lo generan, no interesa lo que hacen, etc. Y a todo ello se une la frivolidad en comentarios, que trasladados por las redes sociales crean toda una sensación de indignidad hacia los cientos de mujeres profesionales deportistas en España. Que han trazado su cronología con consecuciones de campeonatos del mundo, europeos y olímpicos. Ya con varias décadas atrás. Y a pesar de ello, son escrutadas de forma sistemática. Sin entrar a comentar, por la prudencia a la que me debo, el escándalo en nuestro fútbol reciente, la controversia sellada con la maleficencia muchos con relación a mantener posturas de: *no me manifiesto, no me comprometo, porque no quiero empañar lo que es un triunfo mundia*l —perfecta coartada, escapismo y autismo social—. No debiera ser excusa para alinearnos en decir basta a la indignidad y a todo tipo de actitudes que tratan de amparar en lo coloquial, lo que son comportamientos reprobables, machistas, violentos y de una entidad indigna que describe a los que los sustentan.

La mayoría de estas mujeres deportistas, sobradamente preparadas y competitivamente inmejorables tienen infinidad de problemas para que coticen en relación con su vida laboral, mantienen la sempiterna brecha salarial, cuando deciden ser madres, las colocan en la tesitura de ralentizar su trayectoria profesional; ocasionalmente, son criticadas por reivindicar derechos en igualdad. Cuando se habla de si se genera o no se genera. Se olvida que la memoria nos recuerda que en este país en varias ocasiones se financió públicamente al fútbol masculino. Y en las quinielas siguen ausentes, frente a los colegas masculinos. No sé, cuando en algún medio de comunicación, esos profesionales o deportistas frivolizan si ese penalti o ese gol es como si lo hubiera hecho una chica, en tono peyorativo, es tan insultante como reprobable. Y si encima, están los innumerables replicantes para reírse de forma cómplice, resulta patético. Por ello quiero recordar a todos estos tipos, que las mujeres han estado, están y estarán en el deporte. Que se acerquen a rincones de muchas partes del mundo y observarán cómo juegan y se recrean con la pelota. Otra cosa es que hayan tenido la curiosidad de observarlas. Les aseguro que estamos y estaremos en la cronología de lo esencial. Y que más que hablar de focalizar y escrutar sus comportamientos debiéramos conocer cómo trabajan, cómo han transformado el mundo del deporte, y cómo lo han hecho más ejemplar y diferente.

Por ello, no se entiende que se asomen con tanta frecuencia comentarios que tratan de minimizar el trabajo de tantas y tantas mujeres deportistas. Que traslucen lo peor de una sociedad sin valores. En este caso, entre otros, el de la dignidad y la igualdad. Como decía Norberto Bobbio se trata —la igualdad— de la dignidad de las personas, la igualdad en la vida social, que definía como la libertad igualitaria de carácter social, político y jurídico.

No olviden, aquellos que tratan de tutelar, minimizar y faltar al respeto a estas mujeres profesionales del deporte, que a ellos les parió una mujer.

Publicado 4 de noviembre de 2023 en Iusport

La legitimación para negociar los convenios colectivos en la Ley del Deporte

Los sindicatos de los deportistas son una especie de rara avis. Existen desde hace años, confluyendo, en algunos casos, en una realidad internacional que sólo reconoce a uno de ellos, pero en el derecho interno se garantiza por marco constitucional la pluralidad, como así se contempla en el artículo siete de la Constitución Española como instrumento de defensa de los intereses de los trabajadores. Hasta hacía bien poco los distintos anteproyectos de ley del deporte tenían una disposición sobre legitimación para firmar los convenios colectivos. Pero sorpresivamente, desapareció en el Anteproyecto que se presentó y se registró en el Congreso de los Diputados, como texto para el debate parlamentario en diciembre de 2021. Desde las organizaciones sindicales del deporte fue una gran sorpresa y constituye condición clave para apoyar este Anteproyecto, que no nos reconoce para darnos legitimidad para firmar convenios colectivos, si no es bajo el tutelaje de las grandes centrales sindicales, o decaer en situación de "prestado" expuesto a impugnaciones, como pasó en el convenio del fútbol femenino, o quedar en situación de extraestatutario.

Y lo que pedimos no es excluyente, pero si es excluyente para los sindicatos de deportistas si este texto normativo no es capaz de resolver esta anomalía, que viene de una época pasada, de escasa militancia en las organizaciones sindicales o deportivas y ante los escasos convenios colectivos. Es por esto, que si tenemos una legislación que quiere salvar la decadencia histórica en los derechos y deberes de los deportistas, se hace absolutamente necesario dar a los sindicatos su derecho a estar legitimado para firmar convenios colectivos, fuera de tutelajes y de inseguridades jurídicas. Y, especialmente, como resulta una obviedad, cuando hay que dirimir entre los distintos sindicatos de misma disciplina deportiva su cuota de representación en el banco social.

Las enmiendas que hemos propuesto desde las organizaciones sindicales son las siguientes:

> ***Disposición adicional. Legitimación para negociar convenios colectivos***
>
> *En los convenios colectivos dirigidos a las personas deportistas profesionales, estarán legitimadas para negociar las organizaciones sindicales constituidas en cada modalidad o especialidad deportiva que hayan sido designadas mayoritariamente por sus personas representadas a través de votación personal, libre, directa y secreta.*
>
> *Cuando se trate de convenios colectivos de ámbito superior al de empresa estarán legitimados para negociar los sindicatos que hubieran obtenido un mínimo del 10 por ciento del total de votos válidos emitidos en las elecciones para designar a la comisión representativa de los trabajadores.*
>
> *Igualmente, cuando se trate de convenios colectivos de ámbito superior al de empresa, estarán legitimadas las ligas profesionales existentes, en su caso, en cada modalidad o especialidad deportiva, y en defecto de estas las asociaciones empresariales, que cuenten con la suficiente representatividad en el ámbito de aplicación del convenio.*
>
> ***Disposición adicional. Legitimación para negociar planes de igualdad.***
>
> *Sin perjuicio de lo dispuesto en el art. 5.3 del Real Decreto 901/2020, de 13 de octubre, por el que se regulan los planes de igualdad y su registro y se modifica el Real Decreto 713/2010, de 28 de mayo, sobre registro y depósito de convenios y acuerdos colectivos de trabajo, en los clubes o entidades asociativas deportivas tendrán también legitimación para formar parte de la comisión negociadora del plan de igualdad las organizaciones sindicales que hubieran obtenido un mínimo del 10 por ciento del total de votos válidos emitidos en las elecciones para designar a la comisión representativa de los trabajadores del convenio colectivo de aplicación.*

Propuestas que planteamos desde el campo de la necesidad y seguridad jurídica, y no excluyentes en este sentido. Siendo conscientes de que estamos ante los que denominados convenios sectoriales franja. De hecho, cuando se celebran elecciones en los clubes, quedan fuera de los procesos electorales las plantillas de los y las jugadoras. Además, para apuntalar más esa acotación de franja, se producen convenios colectivos segregados por sexo. Una especificidad que coadyuva a lo que aquí estamos exponiendo. Teniendo en cuenta que por todo ello se hace absolutamente necesario determinar esas reglas de legitimación inicial para negociar los convenios colectivos, para que así se puedan dar unas adecuadas reglas para la correcta constitución de la comisión negociadora.

Se trata de un hecho que imperiosamente ha de ser subsanado, pues esta ausencia de tratamiento por parte de la normativa laboral, y que ahora debería incidir la normativa deportiva, ante la desgana de tratarlo en el ámbito de la legislación laboral común, incide directamente en el reconocimiento constitucional del artículo 37.1 de la CE —la ley garantizará el derecho a la negociación colectiva laboral entre los representantes de los trabajadores y empresarios, así como la fuerza vinculante de los convenios—.

Ese derecho a la negociación debe provenir, necesariamente, desde la libertad de decidir el ámbito en el que se negocia, como parte sustancial dentro del contenido del derecho a la negociación colectiva. En el caso que nos ocupa, al tratarse de una relación laboral especial, con lo que ello significa, —convenios separado por sexos, brecha salarial, cesión de trabajadores, contratos de duración determinada, situaciones concursales, etc.—, manifiesta con evidencia que los intereses profesionales del deporte son muy diferentes del resto de empleados contratados por los distintos clubes. De ahí la catalogación de convenio colectivo de los denominados como de franja, descritos legalmente como aquellos *"destinados a un grupo de trabajadores con perfil profesional específico"*.

Es por ello que, sin estar resuelto este tema, esta Ley del Deporte resultará ineficaz en un tema largamente pedido y demandado por las organizaciones de deportistas. Por lo que es absolutamente necesario que esas reglas de legitimación queden reflejadas en el texto normativo, para evitar estar en una situación en precario de cara a la legitimidad para firmar estos convenios colectivos, sobre un tema que no se debe seguir discutiendo que es el hecho de que se tratan de convenios franjas. El peso de la representación de estos sindicatos que, en algunos casos, son más de uno en el terreno del deporte, debe ser regulado con urgencia, teniendo en cuenta que las reglas previstas en el Estatuto de los Trabajadores en materia de legitimación negocial no contemplan de manera expresa este supuesto de convenios de franja sectorial.

24 de abril de 2022, publicado en Iusport

Baja por maternidad en el deporte, ¿casos de incapacidad laboral?

El deporte tiene varios elementos que inciden muy directamente sobre la decisión de la mujer deportista en ser madre. Hemos de considerar que, en algunos casos, se puede producir un riesgo laboral, dadas las características de la propia actividad deportiva, necesitada de una especial protección. Evidentemente si hablamos de riesgos laborales su aplicación sólo se produce con relación a trabajadores/as. Es por ello por lo que hay significar la precarización laboral de muchas deportistas; lo que conlleva, además, de estar inmersas en el trabajo no declarado, en la desigualdad laboral entre las que tienen contrato laboral y las que no. Se podría afirmar que sólo entre el 20 o 25 % de las deportistas de nuestro país son asalariadas. Por tanto, sometidas al derecho laboral. Un dato a tener en cuenta y que vuelve al tratarse de un terreno abonado al denominado trabajo marrón.

En el año 2000 se adoptó el Convenio núm. 183, sobre protección de la maternidad, que, desde una perspectiva integradora, incluye medidas garantistas para la trabajadora que se encuentra en cualquier situación biológica relacionada con la maternidad. Por otro lado, en lo que respecta a la regulación de los efectos de esa aplicación, hay que situarse en la Ley 31/1995, de 8 de noviembre, de Prevención de Riesgos Laborales (LPRL), principalmente en sus artículos 25 y 26 sobre los que se han de actuar —*protección de trabajadores especialmente sensibles a determinados riesgos / protección de la maternidad*—.

La Ley de Prevención de Riesgos Laborales (LPRL) de 1995 recoge en su artículo 25 la necesidad de garantizar, de modo específico, la seguridad y salud de los trabajadores/as especialmente sensibles, entendiendo por tales aquellos que «*por sus propias ca-*

racterísticas personales o estado biológico conocido, incluidos los que tengan reconocida la situación de discapacidad física, psíquica o sensorial». Es por ello por lo que estos aspectos son claves a la hora de evaluar los riesgos laborales, y adoptar las medidas de protección y prevención necesarias. Por otro lado, el artículo 26 de la LPRL regula el nivel de protección de la maternidad y la lactancia natural para adaptar sus condiciones de trabajo.

Al hilo de todo esto, nos encontramos con el hecho, dada las características del trabajo de la deportista, de la *baja por riesgo durante el embarazo,* ante situaciones que produzcan posibles perjuicios que le puede causar a una mujer embarazada. Relacionado en esta ocasión, para contextualizar sobre cómo actuar, *con las complicaciones que el trabajo le puede generar en la salud de la madre o del feto.*

Hemos de tener en cuenta que esta protección tiene un claro reflejo en forma de mandato en el texto constitucional, significándolo en determinados artículos*: a) Art. 15 —derecho fundamental a la vida y a la integridad física y moral—; b) artículo 43 —derecho constitucional a la protección de la salud—; c) artículo 40.2 —los poderes públicos deben velar por la seguridad e higiene en el trabajo—*. El propio Estatuto de los Trabajadores, art. 48, hace referencia a la suspensión de contrato, con reserva del puesto de trabajo, en el supuesto de riesgo durante el embarazo o de riesgo durante la lactancia natural, en los términos previstos en el artículo 26 de la Ley 31/1995, de 8 de noviembre, de Prevención de Riesgos Laborales.

Con tener en cuenta la normativa a los efectos, la reflexión dadas las características de este ámbito laboral, se centra en valorar, —siendo conscientes de lo tasado de los puestos de trabajo—, el hecho de una vez analizados los riesgos, a los que se refiere el artículo 16 de la LPRL; la toma de decisión del empresario respecto a la obligación de considerar el riesgo para la reproducción, incluido el relativo a la maternidad, debiendo ya de antemano estar evaluados los puestos y contemplados cuales son los adecuados o no para las mujeres en periodo de embarazo y lactancia.

Esto es relevante ya que su identificación servirá para tener de antemano seleccionados los puestos de trabajo exentos de riesgos, y a los que pueden ser destinadas las mujeres en caso de imposibilidad de la adaptación del puesto y tener, por tanto, proceder a un cambio. En este proceso deben estar representantes de los/as trabajadores/as.

De cara a esa toma de decisión puede servir de referencia la sentencia del Tribunal Constitucional (STC) 62/2007, de 27 de marzo, respecto al concepto del riesgo en el embarazo: *—los daños al embarazo pueden proceder tanto por acción como por omisión. La no actuación de la empresa vulnera los derechos fundamentales. No es preciso que la lesión a la integridad física se haya consumado para adoptar medidas de prevención del riesgo—*. Y todo ello, siendo conscientes de salvaguardar el derecho a la intimidad, al no es obligatorio comunicar el embarazo a la empresa.

Valorando todo ello, hemos de analizar la posibilidad de beneficiarse de una prestación, a través de la certificación médico, ya que pudiera darse el caso de que las condiciones del puesto de trabajo puedan influir negativamente en la salud de la trabajadora y/o del feto. Ante ello, con carácter general, han de actuar los servicios médicos del INSS, o de la Mutua Colaboradora con la Seguridad Social, en función de la Entidad con la que se tenga concertada la cobertura de los riesgos profesionales. Y todo ello, con la existencia, regularizada *—artículo 39 del Real Decreto 295/2009—*, de un procedimiento que ha de iniciarse a instancia de la interesada, mediante un informe que deberá solicitarse al facultativo del Servicio Público de Salud. Dicho informe deberá acreditar la situación de embarazo y la fecha probable del parto. Para añadir en los artículos 33 y 34 del referido RD que la trabajadora recibirá el 100% de su base reguladora, cogiendo como referencia la base de contingencias profesionales que se tiene en el momento que se inicie la suspensión del contrato de trabajo.

Si se extinguiera el contrato durante la baja del riesgo, la extinción de la relación laboral —baja voluntaria, despido, fin de contrato temporal— extingue la prestación por riesgo durante el embarazo. Ante lo que la trabajadora podrá solicitar la prestación por desempleo o la baja por maternidad. En esto hemos de observar lo establecido en el convenio colectivo del fútbol femenino, que ante esa extinción, por fin de contrato, produce de inmediato la prórroga, si lo estima la jugadora, de acuerdo al artículo 39. Pues echar a la jugadora, con vigencia del contrato, por causa del embarazo resultaría nulo de pleno derecho.

Publicado el 23 de enero del 2022 en Iusport

Los seguros del deportista: el baremo de accidente de circulación

La Ley 39/20222 de 30 de diciembre, del Deporte, clarifica el tan ansiado baremo que ha de tener el seguro del deportista. Enmienda, de esta manera, de plano, al Real Decreto 849/1993 de 4 de junio por el que se determina las prestaciones mínimas del seguro obligatorio deportivo. Un artículo que específicamente pone en el art. 23.3 lo siguiente:

> *3. La cuantía de las prestaciones mínimas del seguro obligatorio deportivo (SOD) será, como poco, la del baremo establecido para la valoración de los daños y perjuicios causados en accidente de circulación. Particularmente, en el caso de los deportistas del motor.*

Este artículo es tan importante como corregir una grave injusticia de años que ha sido denunciada por las asociaciones de deportistas, y que ya tuvo su primer apoyo, ante la falta de actualización de las cuantías por parte del RD 849/1993. Una Proposición No de Ley (PNL) presentada por el PSOE en 2017 (20 de diciembre de 2017) y que obtuvo en marzo (21/3/ 2018) el respaldo de todos los grupos de la Comisión de Cultura y Deportes del Congreso de los Diputados.

La Constitución Española mandata a los poderes públicos para que fomenten la educación física y el deporte (art. 43.3 CE) apareciendo ambas actividades estrechamente vinculadas con la salud, a la que se refiere el apartado 1 del art. 43 CE, de forma que la educación física y el deporte no sólo son sólo un medio para el mantenimiento de la salud, sino que también se trata de evitar las repercusiones negativas que sobre la misma puede tener un ejercicio no adecuado de las diversas actividades físicas y deportivas, especialmente en aquellos deportes cuyo ejercicio conlleva un riesgo.

Era una realidad que los seguros no estaban cubriendo de manera digna y, de acuerdo a una sociedad, que se proclama social y de derecho, la demanda de las necesidades de los deportistas federados que sufren lesiones graves, incapacitantes de forma permanente. Después de treinta años (1993–2023), donde ni siquiera se han revisado las cuantías. En esa PNL, apoyada por las Asociaciones de deportistas, así como el CERMI, y afectados, liderados por Alberto Alaíz, se pidió al gobierno que actuara para modificarlo en seis meses, cosa que no se hizo, hasta ahora que la Ley lo ha remediado. Y, además, insistiendo siempre en que el/la deportista conozca esas cláusulas de las pólizas, para seguridad de su salud.

De ahí la conveniencia y lo decisivo de este cambio normativo incluido en la actual Ley del Deporte, siguiendo la línea genérica de la PNL comentada

El propio Estado, en su sistema judicial, en cuanto a la valoración de los daños personales sufridos por las víctimas accidentadas, considera de aplicación los criterios cuantitativos del baremo legal, inicialmente relativo a las consecuencias de la siniestralidad automovilística, si bien en la actualidad se encuentra ya ampliamente recomendado por muy distintos ámbitos y sectores.

En este tema, también intervino el Defensor del Pueblo poniendo de manifiesto la falta de actualización de la normativa reguladora determinante de las prestaciones mínimas del seguro obligatorio deportivo conforme al Real Decreto 849/1993, de 4 de junio. Y así lo manifestó en sus informes de 2017 y 2018, ante la pasividad del Consejos Superior de Deportes.

Por lo que la incorporación de este artículo a la Ley del Deporte supone cumplir con el mandato del Congreso y el apoyo de los colectivos de los deportistas. Se trata de atender, en un estado de derecho, de forma digna a situaciones graves de consecuencias irrevocables desde el punto de vista de la integridad del deportista. En definitiva, una conquista social, a la que no se debe renunciar.

Publicado el 21 de mayo de 2024 en Iusport

Igualdad para el ejercicio de la actividad profesional en el deporte: desprotección de las mujeres deportistas en un ámbito laboral segregado

Cuando se entre cruzan la Ley del Deporte y la denominada "Ley Tans" se prescribe el concepto de la no discriminación como un valor de principio. Al que todo hemos de recurrir y defender. Y con ser esto así, no podemos dejar de obviar un terreno de juego que el efecto de la biología es determinante. Entre otras cuestiones, para preservar las categorías profesionales y evitar que las marcas y la participación en un ámbito profesional segregado sean borradas por el efecto biológico de la masculinidad. No hay duda, como escenario de principio, que la igualdad hay que tratarla como valor supremo de una convivencia ordenada y cívica. Pero, así como decía **Norberto Bobbio** *que la libertad es el valor supremo del individuo con respecto al todo, mientras que la justicia es el bien supremo del todo en cuanto compuesto de partes.* Valorando esto, y con lo que se ha denominado la autoafirmación, tratándola de elevarla a una categoría jurídica, lo que es un emblema del sentimiento, frente a un escenario de normas de convivencia, que prevén la justicia como reclamo. Nos encontramos con dos leyes que, en un escenario, marco laboral del deporte, se nos describe la autoafirmación como condición de único reclamo para participar hombres en competiciones de mujeres. En un escenario laboral como el deporte en el que más de 70 % son hombres, frente a las mujeres. En el que sólo un 20 % ocupan puestos de cierta responsabilidad, en el que podemos considerar como espacio vulnerable, laboralmente hablando para las mujeres de manera inequívoca. Una Ley que se autoimpone, incluso, algo tan extraño que toparse así mismo, cuando en el caso de la Ley 4/2023 de 28 de febrero para la igualdad real y efectiva de las personas trans y para la garantía de los derechos de las personas LGTBI, en su artículo 26.3 señala:

> *3. En las prácticas, eventos y competiciones deportivas en el ámbito del deporte federado, se estará a lo dispuesto en la normativa específica aplicable, nacional, autonómica e internacional, incluidas las normas de lucha contra el dopaje, que, de modo justificado y proporcionado, tengan por objeto evitar ventajas competitivas que puedan ser contrarias al principio de igualdad.*

Y la Ley 39/2022, de 30 de diciembre del Deporte, en su artículo 49.4 señala:

> *En la expedición de licencias se garantizará la no discriminación y la igualdad de trato, en consonancia con las normas de las federaciones deportivas internacionales y los Comités Olímpico y Paralímpico Internacionales.*

Me gustaría atraer la atención en dos cuestiones, la primera que lo que otorgamos —la licencia— y permitimos dentro de España —competir por mor de la habilitación de la licencia— desaparece fuera de las fronteras por las decisiones que están y vienen tomando las Federaciones Internacionales, creando una inseguridad jurídica de primer orden, sobre lo importante, que es el ejercicio de la actividad profesional. Aún más, si analizamos el artículo de la Ley 4/2023, y nos acogemos como base al principio de la igualdad, una igualdad a secas, como decía Norberto Bobbio "igualdad para quién y frente a quienes, hemos de valorar que lo que se ha legislado otrora significa una situación de injusticia, bajo el concepto de lo que se ha denominado autoafirmación, una decisión individual que transciende a una consecuencia colectiva, con efectos directos discriminatorios hacia las mujeres, desde la objetivación de la biología.

Por lo que de torpeza jurídica y escasa visión de perspectiva nos encontramos. La reflexión hay que hacerla sobre la vulnerabilidad de las mujeres, y el frontal choque contra el nivel de desigualdad que se puede producir, después de años de lucha para obtener un marco jurídico de respaldo a la igualdad de las mujeres, sobre todo en lo que se refiere a la igualdad de oportunidades en el empleo, que centró su fortaleza en la Ley Orgánica 3/2007 de 22 de marzo para la igualdad efectiva de mujeres y hombres, como línea que inauguró un antes y después en el hacer jurídico y político en torno a la igualdad ciudadana.

La autoafirmación *per sé* que nos describe la denominada Ley Trans es una ejercicio de tolerancia que hay que predicar en la sociedad, pero no puede ser la coartada para borrar a las mujeres, en escenarios de clara vulnerabilidad y de desventaja por la propia biología como hecho incuestionable.

Lo que en el deporte, si no se sucede un cambio normativo a lo que se ha legislado, y además, insisto, sólo topado para España, si los valores como factores de procedimientos para competir o acceder a puestos de trabajo por condiciones físicas se abre a esa autoafirmación, la propia Sala del Tribunal Supremo —Sala de lo Contencioso Administrativo— la Sentencia de 14 de julio de 2022, reconoce que "*constituye una discriminación injustificada fijar determinados parámetros de estatura mínima, por ponderación, media, de las mujeres frente a los hombres en el ingreso a la policía, por cuando perjudica a las mujeres respecto al acceso al empleo*".

Lo que subyace en todo esto, y en un campo como el deporte, donde las condiciones físicas son determinantes, que nos podemos encontrar con un ejercicio de ruptura de protección, en cuanto colectivo vulnerable de las mujeres, por condiciones de hecho, frente a las personas, que biológicamente siguen siendo hombres, frente a la mujer. Porque las condiciones físicas son tan determinantes, como el hecho, por ejemplo, si observamos la incompatibilidad que participen en la misma categorías personas de 14 o 30 años, por esas diferencias evidentes físicas. Por lo determinante que es el hecho biológico para que no haya ventajas y, por tanto, no juego limpio en la competición de que se trate.

Porque asentado está por la jurisprudencia constitucional, que la discriminación que se persigue es aquella que no se identifica con cualquier diferencia de trato, sino con aquellas que carezcan de una justificación objetiva y razonable (artículo 14 CE) y articulo 19.1 de la Directiva 2006/54/CE del Parlamento Europeo y del Consejo, de 5 de julio de 2006, que señala que "*Los Estados miembros adoptarán con arreglo a sus sistemas judiciales nacionales las medidas necesarias para que, cuando una persona que se considere perjudicada por la no aplicación, en lo que a ella se refiere, del principio de igualdad de trato presente, ante un órgano jurisdiccional u otro órgano competente, hechos que permitan presumir la existencia de una discriminación directa o indirecta, corresponda a la parte demandada demostrar que no ha habido vulneración del principio de igualdad de trato.*

Es por ello que la clave está en esa desigualdad que se puede dar en un escenario real, como el que se describe, en el específico ámbito del deporte y el acceso al trabajo.

Publicado el 25 de marzo de 2023 en Iusport